어린왕자와 지구별 어른

어린왕자와 지구별 어른

초판 1쇄 인쇄 2016년 11월 25일
초판 1쇄 발행 2016년 11월 30일

_

지은이 안명진
펴낸이 이방원
기 획 이윤석
편 집 김명희·안효희·강윤경·윤원진·홍순용
디자인 박선옥·손경화
마케팅 최성수

_

펴낸곳 세창미디어
출판신고 2013년 1월 4일 제312-2013-000002호
주소 03735 서울특별시 서대문구 경기대로 88 냉천빌딩 4층
전화 02-723-8660 | 팩스 02-720-4579
이메일 sc1992@empal.com | 홈페이지 http://www.sechangpub.co.kr

_

ISBN 978-89-5586-471-7   03100

이 도서의 국립중앙도서관 출판시도서목록(CIP)은 서지정보유통지원시스템 홈페이지(http://seoji.nl.go.kr)와
국가자료공동목록시스템(http://www.nl.go.kr/kolisnet)에서 이용하실 수 있습니다. (CIP제어번호: CIP2016028708)

어린왕자와 지구별 어른

안명진

세창미디어
MEDIA

어린왕자, 어른에게 묻는다

『어린왕자』는 1943년, 이 세상에 태어났다. 인류 역사상 가장 암울한 시기인 제2차 세계대전 가운데 태어나, 올해로 벌써 70여 년의 시간이 지났다. 작가 생텍쥐페리는 제2차 세계대전이 발발하자 조국 프랑스의 공군 대위로 정찰 비행 등 여러 작전에 참여한다. 하지만 독일군이 프랑스를 점령하자 군복을 벗고, 미국으로 건너간다. 1942년, 생텍쥐페리는 한 출판사 사장의 요청으로 직접 삽화를 그리고 글을 쓰기 시작한다. 이 책은 처음 크리스마스 시즌에 맞추어 출판될 예정이었지만, 1943년 4월에 출판된다. 『어린왕자』는 출간 이후, 지금까지 지구 상의 수많은 독자를 찾아다니며 자신의 여행을 말해 왔다.

문학이란 무엇인가? 이 물음은 문학의 본질, 문학의 정체성을 묻는 물음이다. 모든 작가가 자신의 창작 활동이 지니는 본질이나 정체성을 문제 삼지는 않을 것이다. 하지만 문학은 자신의 시대와 만나며 시대상을 그려 내고, 다른 한편 자기 시대의 세계상과 어느 지점에서 이별해야 하는지를 말한다. 작가는 자신의 시대와 세계 속의 현실을 묘사하며, 나아가 그 현실 속의 결여된 부분을 그려 낸다. 작품은 현실의 긍정적인 부분을 미화하기보다는 현실의 부정적인 측면을 비추어 드러냄으로써 새로운 가능성의 지평을 제시한다.

유럽의 근대는 중세와의 투쟁 속에서, 새로운 경제적 토대와 경제적 주체를 확립하고, 새로운 사회적·정치적 이념을 지닌 사회를 건설했다. 하지만 새로운 세계를 건설하는 해방의 원동력이었던 근대의 요소들이 이제 역으로 우리의 삶을 억압하고 구속하는 기제로 작용하고 있다. 이러한 자각은 곧 유럽의 근대에 대한 반성이며, 새로운 시대를 꿈꾸는 이념적·문화적 논쟁이며, 새로운 사회적·정치적 제도의 변화를 시도하는 실천이다. 문학 역시 자기 시대의 삶과 조건을 반성하는 논리의 한 방법이고, 논쟁의 한 방식이며, 그 자체 시대의식의 한 실천이다. 즉 문학은 바로 자기 시대의 부정적인 측면을 부각시킴으로써, 사람들의 시선을 모으고, 그 시선이 새로운 방향을 볼 수 있도록 한다.

그래서 작가는 일상인이 긍정적으로 받아들이는 세계상을 부정적인 문제의식으로 응답한다. 작가는 자기 시대의 현실에 대한 부정적이며 비판적인 가능성을 제시하는 것이다. 결국, 문학은 작가에게 드러난 사회 현실의 가능성으로 존재한다. 이 점에서 문학의 본질은 소외이다. 문학은 소외를 먹고 자란다. 작가는 자신의 시대상을 거리를 두고 바라보고, 그 현실에서 떨어져 있기에 비판의식이며, 그 의식은 자신의 현실에서 격리되어 있기에 불행한 의식이다.

오늘날 초등학교는 『어린왕자』를 학생들이 읽어야 할 필독서로 선정하여 읽히고 있다. 『어린왕자』가 초등학생을 위한 필독서로 선정된 이유가 무엇인지 이해할 수 없지만 사실이다. 아마 한국에서 이 책을 읽지 않고 청소년기를 보낸 이는 없을 것이다. 어떤 이들은 『어린왕자』를 어른을 위한 동화라고 말한다. 그들은 어른이 되어서도 『어린왕자』를 열독하는 좋은 독자이겠지만, 어른이 그 동화를 어떤 방식으로 읽고 이해했을지 잘 모른다. 하지만 너무 비관적인 이야기인지 모르지만, 오늘날 『어린왕자』는 누구나 읽는 책이지만, 누구도 제대로 읽지 않는 책이 되어 버렸다는 생각이 든다.

수많은 사람이 『어린왕자』를 읽고, 읽도록 권하고 있지만, 우리는 진정 『어린왕자』의 좋은 독자일까! 물론 독자는 각자의 다양한 방법으로 책을 읽을 권리가 있으며, 누구도 그 권리를 침해할 수 없다. 그래서 각자 자신들의 방법으로 책을 읽고, 자신들의 방식으로 감동받고, 자신들의 방식으로 이해하면 그것으로 족할지 모른다. 하지만 어린왕자는 항상 자신의 이야기를 들어 달라며 징징대는 존재였다. 인류 역사상 가장 암울한 시대에 태어난 어린왕자가 그 시대를 지나온 지금의 문명과 어른에게 마치 무엇인가 말하려는 것이 있는 것처럼 말이다.

어린왕자는 이제 70여 년의 세월을 보낸 할아버지이다. 하지만 그는 여전히 어른의 세계에서 나이를 먹을 수 없는 어린왕자이다. 아마 어른의 세계는 어린왕자가 손짓하는 세계와는 현실적으로 너무나 먼 세계이기 때문일지도 모른다. 그러나 우리 주변에는 진정으로 어린왕자의 친구이고자 하는 많은 어른이 있다는 것 역시 사실이다. 『어린왕자』는 한 시대의 사건이며, 모든 세대가 주목해야 하는 사건이다. 20세기 현대 문명을 만든 어른의 삶과 그 세계를 고발하는 세기의 보고서이기 때문이다. 우리는 그 보고서를 읽으며, 바로 우리 자신들의 세계와 삶의 방식을 되돌아볼 수 있어야 한다. 어린왕자의 여행은 어른의 세계에 동화될 수 없는 존재의 가능성을 보여 준다. 어린왕자는 행복 의식에 길들여진 이 시대의 어른을 깨우는 목자이다.

어른의 세계는 인류가 구축한 시대상의 어두운 현실이며 상징이다. 어린왕자는 말한다. 어른의 세계는 참으로 이상한 세계이다. 명령과 복종의 논리로 사는 왕, 끊임없이 소유하고 그 소유물로 자기 존재를 인정받으려는 허영이, 자기 삶의 의미를 상실한 무기력한 삶의 표본인 술꾼, 끊임없이 자본을 축적하고 관리하는 데 세월을 보내는 실업가, 부조리한 노동을 상징하는 가로등 켜는 어른, 현실과 괴리된 추상적인 앎을 추구하는 지리학자. 지구별은 바로 이런 어른의 별이며, 이런 어른의 논리가 지배하는 세계이다. 지구별의 어른이 대변하는 삶과 논리는 작가가 동의하거나 동화될 수 없는 세계이며, 따라서 긍정적으로 수용할 수 없는 세계이다. 그 세계는 작가가 발 딛고 있는 세계이지만, 한편 그 자신이 거리를 두고 바라볼 수밖에 없는 세계이며, 나아가 가까이할 수 없는 세계이다.

『어린왕자』는 어른의 세계에서 떨어져 나온 비판의식이며, 그 세계에 동화될 수 없는 불행한 의식이다. 『어린왕자』는 어른의 세계에서 소외된 세계, 소외된 삶과 논리를 보여 준다. 따라서 어린왕자는 이 시대 어른의 세계에서 소외된 주인공이다. 이 소외는 극복된 것인가? 알 수 없다. 아니 그 소외는 보다 강화되고 교묘하게 우리 삶을 지배하고 있으며, 고착되어 가고 있다. 우리 삶을 떠나지 못하고 배회하는 유령과 같이 말이다. 어른은 그 유령의 생각대로 생각하고, 그 유령의 언어로 말하며, 그 유령들의 삶에서 위안을 얻는다. 이 유령이 사건의 배후이다. 어른은 자신의 시대를 지배하는 유령의 실체를 파악하고, 새로운 세계를 꿈꿀 수 있을까? 아직은 모른다. 어린왕자는 불편한 어른의 세계에 발 딛고 있지만, 그의 시선은 항상 다른 세계를 향해 있다.

어린왕자의 여행은 그 세계를 가리키는 손짓이다. 어린왕자가 말하는 것처럼, 우리는 이상한 세계에 사는 이상한 어른이다. 우리가 이 이상한 세계에서 새로운 세계를 볼 수 있을지는 알 수 없다. 다만 어린왕자의 손짓이 그립고 그 세계가 기대된다면, 우리는 어린왕자와 그의 여행을 건성으로 읽어 넘기지 않아야 한다. 이 글은 어린왕자를 잊지 않고 그의 친구가 되려는 한 어른의 기록이다. 사실 어린왕자의 친구가 되려는 수많은 어른의 기록이 있겠지만 말이다. 중요한 것은 눈에 보이지 않는다!

차 례

어른별 여행

지구별 여행

★ 본문의 인용에 쓰인 『어린왕자』는 영문판을 참고하였습니다.

지구별 어른과
어린왕자의 동행

모자와 코끼리를 삼킨 보아뱀

어른의 세계

★ 코끼리를 삼킨 보아뱀

아이가 자신의 독서 경험을 살려 생애 첫 그림을 어른에게 보여 주며 물었다.

"이 그림이 무섭지 않으세요?"
"모자가 뭐가 무섭니?" 어른들은 답했다.

그것은 모자를 그린 것이 아니다. 그것은 코끼리를 삼킨 보아뱀이다. 그래서 나는 어른이 알아보도록 보아뱀의 속을 그렸다. 어른들에게는 항상 설명을 해 주어야 한다.

『어린왕자』는 이렇게 시작된다. 아이는 그림으로 어른에게 묻는다. 하지만 어른의 대답은 한결같다. 우리는 이처럼 아이의 그림을 통해서 어른이 어떻게

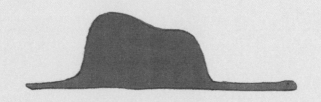

세계를 보는지를 알 수 있다. 어른은 '감각의 눈'으로 세계를 본다. 이런 감각의 눈으로 보면 그 그림은 너무나 당연히 '모자'이자, '모자처럼' 생겼다. 어른이라면 모두가 한결같이 같은 대답을 할 것이다. 어른은 너무나 당연하게 여기는 세계에 대해서는 질문을 하거나, 의심하지 않는다. 또한, 자신의 눈에 보이는 세계에 대해 전혀 놀라워하지 않으며, 너무나 당연하다는 듯 확신을 한다. 감각의 눈으로만 보는 세계! 이 세계는 많은 어른이 발 딛고 살아가는 일상 속의 편안하고 익숙한 세계이다.

어린 왕자가 던진 수수께끼 같은 질문의 답은 '코끼리를 삼킨 보아뱀'으로 판명이 난다. 어른은 아이의 경험(세계)을 담고 있는 그림을 '이해'할 여유가 없다. 오히려 어른은 그림을 설명하는 아이에게 그런 그림은 집어치우라고 말한다. 감각의 눈으로 세계를 보는 어른에게 그런 반응은 어쩌면 당연한지 모르겠다. 그들은 눈에 보이는 것만을 보고, 믿고, 확신하기 때문에 눈에 보이지 않는 대상(세계)에 놀라워하지 않으며 이해하려 하지도 않는다. 이해하지 않는 어른이 이해할 수 있는 것이란 없다. 감각이 은폐하고 있는 것을 보지 않고 이해하려 하지 않기 때문에, 단지 눈에 보이는 것만을 알 수 있을 뿐이다.

★ 감각의 눈

'감각의 눈'과는 다른 방법으로 세상을 볼 수는 없을까? 그런 눈이 있다면 어떤 것일까? 여기서 아이의 그림은 또 하나의 '세계를 보는 눈'이 있음을 암시한다. 그것은 '모자와 코끼리를 삼킨 보아뱀', '어른과 아이'의 대비를 통해 알 수 있다. 즉 그림에서 '보아뱀이 삼킨 코끼리를 보는 눈'은 아이의 눈이다. 우리는 그 눈을 어른의 눈과는 구분하여 세상을 보는 또 다른 눈, 즉 감각의 눈이 아닌 '마음의 눈'이라고 부른다. 하지만 아직 마음의 눈이 어떤 방식으로 세계를 보는 것인지는 잘 모른다. 다만 그것은 감각의 눈과는 전혀 다른 방식으로 세계를 보는 눈일 것이라 예상하여 본다. '감각의 눈(눈)'과 '마음의 눈(마음)'! 우리는 어떤 눈으로 세상을 보고 있는가? 감각의 눈은 누구나, 그리고 어른이 가진 보편적인 눈이다. 그러나 마음의 눈은 스스로 얻어야 하는 깨달음의 눈이다. 이 눈은 우리가 회복해야 할 눈이며, 찾아야 하는 눈이다.

세계를 바라보는 두 눈의 차이는 단순히 사람에 따라 다른 상대적인 것이 아니다. 그것은 질적으로 완전히 다른 '태도'를 지닌 시선이다. 세계를 바라보는 태도가 달라지면, 새로운 세계상이 드러난다. 감각의 눈과 마음의 눈은 세계를 바라보는 전혀 다른 태도이다. 그러므로 '감각의 눈'으로 세계를 바라보는 것에 익숙한 사람은 '마음의 눈'으로 보는 세계를 볼 수 없다. 즉 그 세계는 존재하지만 '감각의 눈'으로는 보이지 않는 세계이다. 그 세계를 보기 위해서는 태도의 변경이 필요하다. 그것은 일종의 종교적 개종에 비유할 수 있다. 하나의 종교적인 신념을 버리고 전혀 새로운 종교적 신념을 갖는 것과 같다. 이것은 우리가 세계를 이해하는 태도상의 변경이며, 나아가 그에 따른 세계 인식의 실존적 위기를 동반한다. 하지만 태도 변경은 전혀 다른 새로운 세계 경험이다. 이러한 세계 경험은 미지의 세계를 향한 모험이다.

세계를 보는 태도의 차이와 변경의 가능성은 중국 선불교 육조 혜능●의 일화에서도 잘 드러난다. 어느 날 혜능은 불법을 펼치고자 산에서 내려와 광주(廣州)의 법성사(法性寺)로 향했다. 마침 법성사의 주지 인종 법사가 스님들에게 『열반경』을 강론하고 있었다. 그때 바람이 불어 깃발이 좌우로 흔들리자, 한 스님은 그것을 보고 바람이 움직인다고 했다. 다른 스님은 깃발이 움직인다고 했다. 그러자 두 입장이 대립하여 결론을 내지 못하고 의논이 분분했다. 이것을 지켜본 혜능은 가까이 걸어가면서 "바람이 움직이는 것도 깃발이 움직이는 것도 아니다. 다만 당신들의 마음이 움직이는 것입니다." 이 말을 들은 모든 사람이 깜짝 놀랐고, 인종 법사는 그를 윗자리로 모시어 불법의 대의를 해설해 줄 것을 청했다.

두 스님은 모두 감각의 눈으로 현상을 본 것이다. 감각의 눈은 한 현상을 서로 다르게 볼 수 있지만, 여기서 비롯된 차이는 다시금 감각의 눈을 통해서는 극복될 수 없다. 즉 감각의 눈을 통해서는 문제가 해결될 수 없다. 이와 반대로 불법의 대의를 깨달은 혜능에게 감각의 눈은 현상을 이해하는 올바른 방법이 아니다. 그에게 세계는 객관적으로 존재하는 것이 아니라, 이미 이해하고 의미 부여한 세계이다. 세계는 곧 마음의 현상이기에 바람에 흔들리는 깃발 같은 자연 현상 역시 마음의 현현(顯現)에 지나지 않는다.

감각의 눈은 바람에 깃발이 나부끼는 현상을 그 자체로 존재하는 것으로 보지만, 깨달음을 구한 이에게 그것은 단지 마음의 현상에 지나지 않는다. 이처럼 혜능의 태도를 이해하기 위해서는 감각의 눈으로만 세계를 이해하는 태도를

● 혜능(慧能, 638-713년) 중국 당(唐)의 승려, 선종(禪宗) 제6조이며 육조대사(六祖大師)·조계대사(曹溪大師)라 함.

거두어야 한다. 하지만 이미 이런 세계를 보는 것에 익숙한 이들은 자신의 세계를 너무나 당연하게 여기기 때문에 한 발도 벗어날 수 없다. 도대체 불교의 대의가 무엇이며, 혜능의 깨달음은 무엇이기에 세계를 전혀 다른 방식으로 보는 것일까? 도대체 그것이 어떻게 가능한 것일까?

우리는 세계를 보는 나름의 방법으로 자신만의 세계를 구축한다. 즉 우리의 세계는 우리가 세계를 보는 방식을 반영한다. 그렇게 구축된 세계는 삶을 이해하는 틀이 된다. 자신이 구축한 세계를 떠나서 살 수 없기 때문이다. 이렇게 우리는 세계를 떠나 있을 수 없고, 세계 역시 삶을 통해 이해된다. 우리와 세계는 서로를 이해하는 해석학적 순환 관계이자, 이 관계 속에 삶이 있고 세계 이해가 자리하고 있다.

★ 생존의 눈

세계를 바라보는 두 개의 눈은 인생을 이해하는 두 개의 눈이기도 하다. 어른이 지닌 감각의 눈은 모든 생명체가 지닌 '생존의 눈'이다. 그것은 어쩌면 타고난 자연스러운 능력이다. 생존의 눈은 세계 속의 사물로 향하고, 생존의 잣대로 사물을 포착하는 눈이다. 그 눈은 자기 생명의 보존을 위해 끊임없이 주변의 사물을 살피고, 정보를 모으고 분류하여, 하나의 앎 체계를 확립한다. 우리는 그런 앎의 체계를 과학이라 부른다. 오늘날 과학은 자연을 지배하고 통제하는 힘이다. 즉 과학은 인간생존의 강력한 도구이다. 어른은 인간과 삶, 삶의 공동체에 대해서도 과학적인 태도와 지식 체계를 추구한다. 그러한 지식은 삶을 기획하고 지배하는 도구이며, 모둠살이의 지배 원리이다. 어른은 감각의 눈과 과학의 논리로 자신의 삶과 인생을 설명한다. 감각의 눈, 그것은 자연과 인간, 사회를 보는 그들만의 프레임이다. 눈은 자신의 프레임으로 세계를 바라볼 뿐, 그 프레임 자체를 자각하지 못한다. 또한, 세상을 보는 눈이지만 자기 자신을 보지는 못한다.

더 나아가 어른은 이 같은 감각의 눈과 과학의 논리를 아이에게 강요한다. 자신들의 태도와 세계관을 대물림하며, 그것을 공고하게 구축하려 한다. 그 방법의 하나가 '교육'이다. 교육은 인간을 길들이는 하나의 수단이며 도구이다. 즉 교육은 어른이 자신들의 태도와 삶의 방식을 확산시키는 수단이다. 아이는 교육을 통해 어른이 세상을 보는 눈으로 획일화된다. 또한, 교육을 통해 어른이 되며 삶의 논리를 답습하며 살아간다.

어른은 삶을 생물학적인 생존의 연장선으로 파악한다. 그들의 존재 이유는 생존이며, 생존은 자신들이 가진 지식의 유용성을 판단하는 기준이 된다. 이것은 사회에서 살아남기 위해 무엇을 배워야 하는지를 암시한다. 사회적 생존에 유용한 지식을 배우도록 강요한다. 이 말은 생존을 지상의 과제로 살아온 한국의 어른이 수없이 하는 말이다. 그들은 말한다. 영어는 무슨 일을 하든지 꼭 배워야 하는 세계의 공용어이다. 과학과 수학 역시 좋은 대학에 진학하고 좋은 직업을 얻기 위해 배워야 하는 중요한 과목이다. 어른은 영어, 수학, 과학, 국어 등 수많은 교과의 지식과 정보를 아이이자 학생들에게 떠민다. 그것을 한국 사회에서 살아남는 데 필요한 지식이라고 말한다. 그리고 아이를 위해 차린 거창한 교육 밥상을 '전인교육' 운운하며 흐뭇해 한다. 모든 교과 지식을 잘 이수하고, 시험에서 높은 점수를 받은 아이를 '모범학생'이라고 부르며 치켜세운다.

그리고 다른 아이가 이 모범학생을 본받도록 상장을 수여하고 장학금을 지급한다. 좋은 성적은 좋은 대학으로 가는 지름길이며, 좋은 대학은 좋은 직장을 구하는 지름길이다. 좋은 직장은 성공적인 삶의 기준이 된다.

많은 어른이 좋은 성적, 좋은 대학, 좋은 직장 등 세상사는 데 유용하고 필요한 지식에만 관심을 가진다. 그 수많은 지식은 어떤 의미가 있는가? 그런 지식을 많이 가진 어른은 행복할까? 우리가 더욱더 근원적으로 알아야 할 것은 없는 것일까? 있다면 어떤 것일까? 대부분 어른은 인간이 어떤 존재이며, 어떻게 살아야 하는지에 대해 어떤 해답도 주지 않는다. 즉 어른은 자신이 어떤 존재이며 어떤 삶을 살아야 하는지 묻지도 않고 답을 구하지 않는다. 묻지 않기 때문에 새롭게 얻을 답 또한 없다. 그저 자신들이 발 딛고 있는 세계의 논리에 따라 그날그날 주어진 삶을 열심히 살아갈 뿐이다.

★ 어른의 충고

어른의 삶은 세계에서 더 높은 곳을 향하여, 생존에 유리한 고지로 오르는 여정이다. 많은 어른은 대개 삶을 지탱하기 위한 생존의 법칙과 논리에 집착한다. 그들은 아이에게 다음과 같이 말한다.

어른은 속이 보이거나 보이지 않는 보아뱀 그림은 그만두라고 말했다. 그보다 지리, 역사, 산수, 그리고 문법에 관심을 가지라며 충고했다.

이 같은 어른의 태도와 관심거리는 그들 세계에서 자연스러운 현상이다. 그들은 자신들의 세계에 의문을 갖지 않기 때문에 '왜'라고 묻지 않는다. 다만 배워서 알고 있는 것을 외워서 '대답'하는 데 익숙하다. 대답을 잘한다는 것은 사회적으로 유식함의 증거이다. 어른은 대답할 뿐 질문하지 않는다.

아이가 묻는다. 그것을 왜 배워야 하나요? 그것이 무엇에 도움이 되나요? 하지만 아이의 질문이나 의문 역시 오래가지 않는다. 아이는 너무나 빠르게 어른의 태도를 학습하고 생존 법칙과 논리에 쉽게 물든다. 그것이 어른이 되는 삶의 과정이다. 그들은 아이에게 어른이 되는 길, 어른이 되는 삶의 과정을 제시한다. 그들은 성공적인 삶을 사는 데 필요한 수많은 자격증이나 도구를 잘 선택하고 활용하기를 바란다. 이처럼 생존에 필요한 도구를 잘 알고 선택하는 능력, 즉 도구적 이성 능력을 중요하게 여긴다. 그들은 인간의 실존적 가능성과 그 가능성이 지닌 가치에는 관심이 없다.

아이는 어른의 세계와 논리에 쉽게 길들고 물든다. 그러면 아이는 자신의 선택을 포기한다.

그래서 나는 여섯 살 때 화가라는 멋진 직업을 포기했다. 그림 제1호와 제2호가 실패한 것에 그만 크게 낙심했다. 어른은 언제나 남의 도움 없이는 아무것도 이해하지 못한다.

아이는 화가로서의 자신의 가능성을 포기한다. 자기의 선택과 결단으로 열어갈 삶의 가능성이 차단되었을 때, 아이에게는 어떤 길이 있을까? 그것은 '어른이 걸어간 길' 혹은 '어른이 되는 길'을 되밟아 가는 것이다. 화가가 되기를 포기한 아이는 "비행기 조종하는 법을 배우고, 지리를 배운다." 그런 지식은 비행기 조종사가 되는 것과 세계의 이곳저곳을 가볼 기회를 제공하고, 도시의 위치를 알고 밤길을 찾아가는 데 유용했다.

어른은 무엇을 배운다는 것을 항상 세상 살아가는 데 '유용한 지식을 가지는 것'으로 생각한다. 자신의 눈앞에 펼쳐진 세계와 그 세계를 살아가는 데 필요한 지식을 강조한다. 그리고 그런 지식을 힘들게 배워 두면 언젠가는 세상사는 데 도움이 되리라고 말한다. 하지만 무엇인가를 이루기 위한 수단으로서의 지식은 자신이 목적으로 하는 삶 자체를 보지 않는다. 어른이 되는 길은 인간이 인간으로서 살아가는 좋은 길이며, 좋은 방법일까? 어른은 그 길에 관해 묻거나 해결책을 찾기보다 다만 이미 주어진 길을 따라갈 뿐이다. 어른은 삶에 만족하지 않고 자신들의 태도에도 의문을 갖지 않는다.

★ 자유를 향한 여행―어린왕자와의 동행

어른의 세계는 견고하다. 어른은 새로운 것을 이해하려 하지 않는다. 그들의 삶은 일차적으로 생존을 위한 삶이며, 나아가 적당한 재미와 즐거움에 만족한다. 어른은 아이와 청소년이 자신들의 삶의 태도를 배우고, 자신들의 세계에 동화될 때 매우 기뻐하며 또 그렇게 하도록 격려한다.

나는 늘 지니고 다니던 그림 제1호로 사람을 시험해 보았다. 그 사람이 정말로 무엇인가를 이해하는 사람인지 알고 싶었다. 그러나 사람들은 '모자군'하고 대답했다. 그러면 나는 보아뱀, 원시림, 별에 관한 이야기를 꺼내지 않았다. 그들이 알아들을 수 있는 골프, 정치, 넥타이 등에 관해 이야기했다. 그러면 어른은 매우 착실한 한 청년을 알게 된 듯 몹시 기뻐했다.

아이는 어른의 세계에 살지만, 그 세계에 동화될 수 없는 가능성의 주체이다. 어른이 이 같은 새로운 세계와 삶을 이해하기 위해서는 같은 세계 속이 아니라, 전혀 다른 세계에 발 딛고 사는 이의 이야기가 필요하다. 지금 우리가 어린왕자의 여행을 되밟아 가는 것과 같은 방법이다. 이것은 어른에게 지적 모험을 요구한다. 어린왕자의 여행은 끊임없이 어른의 삶과 세계를 문제 삼고, 세계의 한계를 드러낸다. 그것은 어른의 세계가 지닌 불편한 진실들을 폭로한다. 나아가 삶에 대한 새로운 이해를 촉구하며, 자신의 실존적 가능성을 확장하기를 바란다. 그것은 숙명에 묶이지 않는 자유를 향한 날갯짓이다. 현실에 발 딛고 살지만, 끊임없이 자기를 초월하는 과정이다.

인간은 인간의 몸(부모)에서 인간의 몸(자식)으로 태어난다. 그것은 자연적인 인간의 출생이다. 자연적 인간은 생의 조건일 뿐, 인간의 완성이 아니다. 자연적인 인간의 조건 위에서 인간다운 인간, 인간적 세계를 열어 낸다. 그래서 태어나는 것(being)이 아니라, 끊임없이 인간으로 되어 가는(becoming) 존재이다. 하지만 우리의 상황은 어떤가! 우리는 인간으로 되어 가는 존재라고 말하지만, 여전히 어른으로 되어 가는 것은 아닌가? 어른의 눈, 삶, 세계가 아닌 인간의 눈, 삶, 세계는 없는가?

어른의 눈과 비교되는 또 다른 눈이 없었다면, 인간의 유일한 눈과 삶은 어른의 그것이 되었을 것이다. 만약 어른이 감각의 눈과 다른 또 다른 눈을 가진다면, 그것은 새로운 삶과 세계를 보는 눈이다. 그러면 이 같은 새로운 눈은 가능한가? 그것은 우리에게 인식의 대전환, 삶의 변화를 의미하기에 어려움이 있다.

오늘날 어른이 구축한 인류 문명은 물질적인 조건에서 진일보를 이루고 풍족한 삶의 토대를 확보했지만, 한편으로 가난한 삶의 조건에 직면하고 있다. 어린 왕자의 눈을 통해, 인류 문명이 당면한 삶의 조건이 얼마나 궁핍하며 가난한지를 알 수 있다. 삶의 조건에 대한 자각 이후, 궁핍과 가난을 메워 가는 여정 역시 우리의 삶이다. 우리가 어린왕자의 여행에 동참하고 그의 친구가 되려고 할 때, 우리의 결단과 그것으로 열린 새로운 삶과 세계에 대한 책임이 필요하다.

양 한 마리를 그려 줘

사막, 삶의 길을 묻는 곳

★ 어른과 어린왕자

사막에서 해가 뜰 무렵, 조종사(어른)는 자신을 깨우는 목소리를 듣는다.

"양 한 마리를 그려 주세요!"

"뭐라고?"

"양 한 마리를 그려 주세요."

나는 깜짝 놀라 벌떡 일어났다. 눈을 비비며 주변을 살펴보았다. 정말 이상하게 생긴 꼬마 아이가 심각한 표정으로 나를 바라보고 있었다.

이것은 사막에서 만난 어린왕자의 첫 요구이며, 사막에서 홀로 된 어른의 고독감과 고립감을 깨는 말이다. 어른은 대양을 표류하는 뗏목 위의 표류자보

다 더 외로운 사막에서 다른 별에서 온 어린왕자를 만난다. 현실에서도 우리
는 낯선 곳에서 낯선 사람을 만나고 헤어진다. 하지만 사막에서 만난 어린왕
자의 말 한마디는 우리의 삶 전체를 뒤흔들어 놓는다. 사막에서도 아이(어린왕
자)의 시선은 여전히 새로운 세계를 향해 있었기 때문이다.

사막에서 조종사(어른)가 어린왕자(아이)를 만난다는 설정은 문학적인 상황
묘사에 지나지 않을 수 있다. 하지만 어른의 세계에 살면서도 그 세계에 동화
되기 어려웠던 조종사에게 어린왕자와의 만남과 말 한마디는 자신의 어릴 적

경험을 상기시키는 화두와도 같다.

우리에게는 어른의 세계가 지닌 총체적 위기를 보여 주고, 안내해 줄 누군가가 필요하다. 무엇보다 진정으로 삶을 이해하는 누군가를 만나야 한다. 물질만이 풍요로운 어른의 세계에 정신의 가난함을 일깨우는 목자가 필요하다. 여기에 사막에서 홀연히 나타난 목자가 어린왕자(아이)이다. 하지만 어른의 눈에 비친 어린왕자는 아직 한 명의 작은 아이에 지나지 않는다. 아직 어린왕자가 세계를 보는 눈을 이해하지 못하기 때문이다.

아이는 사막 한가운데에서 만난 어른에게 너무나 태연하게 '양을 한 마리를 그려 달라'고 부탁한다. 어른은 죽음의 위기를 마주하고 있는 상황에서 참 엉뚱한 부탁과 마주하게 된 것이다. 어른은 아이의 성가신 요구에 자신의 어릴 적 기억을 떠올리며 보아뱀 그림을 그려 준다. 그러자 아이는 이렇게 말한다.

"아냐, 아냐, 보아뱀 속의 코끼리는 싫어요. 보아뱀은 아주 위험하고 코끼리는 또 거추장스러워요. 내가 사는 곳은 아주 작거든요. 나는 양이 필요해요. 양을 그려 주세요."

우리는 어른이 되어서도 자신의 어린 시절 이후로 만나지 못한 진심으로 상대를 이해하는 사람을 만날 수 있다. 어른은 아이의 미래이며, 아이는 어른의 과거이다. 즉 모든 어른은 아이라는 속성을 가지고 있다. 이것은 단순히 생물학적인 연속성을 말하는 것이 아니다. 우리는 어린 시절 망각하고 있었던 '세계

를 보는 눈(마음의 눈)'을 가진 아이였다. 모든 어른이 마찬가지이다. 지금은 잊고 살지만, 본래 마음의 눈을 가진 존재였다. 이제 어린왕자를 통해 각자 자신의 타고난 마음의 눈을 자각할 수 있다. 따라서 아이는 어른의 과거 모습이기도 하며, 어른 그 자신이기도 하다. 아니 그 아이는 어른 본래 모습이었을 것이다.

이제 다른 별에서 온 어린왕자는 어른의 세계가 지닌 총체적 문제 상황과 그 세계의 가난함을 보여 준다. 하지만 자신과 닮은 다른 이의 말조차 잘 듣지 않는 어른은, 더욱이 자신의 어릴 적 모습을 한 아이의 이야기에 마음을 열지 않는다.

조종사는 어린왕자의 요구대로 양을 그려 주지만, 어린왕자는 자신이 원하는 그림을 그려 달라고 조른다. 병든 양, 염소 같은 양, 너무 늙은 양과 같은 '눈에 보이는 양'이 아니라, '오래 살 수 있는 양'을 그려 달라는 것이다. 오래 살 수 있는 양이란 어떤 양일까? 조종사는 작은 상자를 그려 주며, 그 상자 안에 네가 원하는 양이 있다고 말한다. 어린왕자는 그것이 자신이 원하는 양이라며 반긴다. 어른의 눈에는 어쩌면 마치 말장난 같은 대화이며 상황일 것이다. 그들의 눈에 양은 오래 살 수 없는 생물학적인 유한성을 지닌 동물에 지나지 않기 때문이다. '눈에 보이는 것'만을 보고, 믿고, 확신하는 어른의 태도에 따르면, 그런 반응은 당연하다.

하지만 그것이 세계를 보는 유일한 눈은 아니다. 어른이 가진 감각의 눈은 상자 속의 양을 볼 수 없다. 감각의 눈은 상자의 모습과 그 상자 가운데 있는 구멍만을 볼 수 있다. 상자의 구멍은 바로 경계이다. 감각의 눈은 구멍을 보지만, 그 구멍을 넘어서지는 못한다. 이 경계를 넘어서기 위해서는 새로운 눈, 마

음의 눈이 필요하다. 그 경계 너머에는 그가 원하기만 한다면 볼 수 있는 새로운 세계가 있다. 어린왕자는 고개를 숙여 그림을 들여다보며 말한다.

"이게 바로 내가 원하던 거예요! 이 양은 풀을 많이 먹을까요?"
"왜 그런 걸 묻지?"
"내가 사는 곳은 아주 작거든…."
"거기 있는 것으로 아마 충분할 거다. 네게 그려 준 양은 작으니까"
그는 고개를 숙여 그림을 들여다보았다.
"그다지 작지도 않은 걸요. 잠들었네…."
이렇게 나는 어린왕자를 알게 되었다.

어린왕자(아이)는 눈에 보이는 것을 통해 그 너머의 눈에 보이지 않는 것을 보고 있다. 그것은 어른이 보지 못하는 세계이다. 이처럼 그들의 첫 대면이 지나고 조종사는 어린왕자를 알게 된다. 이 무렵 어린왕자(아이)는 이미 여행을 마치고, 자기의 별로 돌아가려는 시점이다. 지구별 조종사(어른)는 아직 자신의 여행을 떠나야 할 필요성을 느끼지 않거나, 준비조차 하지 않는다.

하지만 그들의 만남은 사막을 여행하며 볼 수 있는 어떤 아름다운 경치보다, 거룩하고 장엄한 순간이다. 그것은 마치 선지자가 신의 음성을 듣는 장면이며, 구도자가 깨달음을 전하는 스승과 대면하는 모습을 닮았다. 우리는 각자 인생의 사막을 여행할 때, 자신의 어린왕자를 만날 수 있다. 그러면 사막은 또 하나의 본래 모습을 드러낼 것이다.

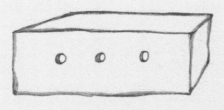

★ 어른의 세계와 위기

　우리가 인간으로 산다는 것? 그것은 단순히 생리학적인 현상으로 환원되거나 생물학적인 의미만을 지니는 것이 아니다. 인간은 끊임없이 자연과의 관계를 통해 문화적 공간을 만들고, 그 공간 내에서 목적을 가지고 살아가며, 살아온 역사의 과정에서 문화를 창조하는 존재이다. 인간의 삶은 다른 인격체와 더불어 공동체를 일구며, 그 속에서 자기 삶과 존재 의미를 확인하며 사는 것이다. 이런 삶의 양식이 삶의 공동체를 지탱하는 논리이며, 인간은 공동체에 참여함으로써 인간성을 획득한다. 이것이 인간으로 산다는 것의 의미이다.

　'어른의 세계'는 현재 우리가 사는 세계의 다른 이름이다. 그것은 역사적 관점에서 근대 이후 등장한 새로운 시대, 새로운 인간, 새로운 세계상을 뜻하며, 나아가 그런 근대성의 원리가 작용하고 지배하는 세계상을 의미한다. 지금 어른의 세계는 어디로 가고 있는가? 어른은 자신들이 살아가는 세계, 그 세계 내에서의 삶을 문제 삼지 않는다. 그저 그날그날을 살며, 살아가는 데 필요한 상식만을 알려고 할 뿐이다.

　근대 이후 어른은 자신들의 세계가 진보할 것이라는 굳은 신뢰와 미래에 대한 낙관적인 태도를 가지고 있었다. 그들의 태도는 전 세계로 퍼지고 열광적인 많은 추종자와 지지자들을 모았다. 하지만 인간은 두 번의 세계 대전을 겪으며 인간과 삶에 대한 비관적인 전망을 하기 시작했다. 인간이 구축한 기술문명과 산업사회는 개개인의 동의 없이 삶을 파괴할 수 있다. 이러한 시대 경험과 감정은 인간 소외, 인간성 상실, 학문의 위기, 불안, 허무, 무기력, 삶의 위기 등으로 표출되었다. 우리는 어느 시대보다 물질적으로 풍요로운 시대에 암울한 시대상을 경험하고 있다. 이 시대 어른의 세계는 파국을 향해 달려가고 있다.

파국을 향해 가는 어른의 세계는 사막에 불시착한 비행기와 조종사의 처지와 비슷하다. 조종사가 사막에 불시착한다. 황량한 사막에 홀로 남겨진 그에게는 물도, 식량도, 동료도 없다. 홀로된 어른(조종사)은 지금 삶의 위기를 맞았다. 그에게 내일은 없는 듯이 보이고 현실조차 뜨거운 사막의 열기로 타들어 가고 있다. 여기서 비행기의 고장은 어른의 세계와 시대상의 위기를 상징한다.

비행기는 자동차의 진화된 발명품이다. 자동차는 20세기 인류 기술 문명의 상징이며 어른 세계의 자존심이다. 자동차는 기술 발달의 한 극단을 보여 주는 상징물이기도 하다. 그리고 비행기는 자동차의 가장 발전된 형태이다. 즉 비행기는 하늘을 나는 자동차이다. 이러한 비행기의 고장은 주변 상황을 전혀 새로운 의미로 느끼게 한다. 먼저 그것은 사막을 더는 아름다운 감상이나 추억의 장소가 아니라 생존을 위협하는 공간으로 탈바꿈시킨다. 이처럼 비행기의 고장은 단순히 조종사 한 개인의 문제가 아닌 우리가 발 딛고 있는 세계상의 문제이다. 그것은 어른의 세계에 발 딛고 사는 모두의 위기 상황이며, 그것을 가능하게 한 문명과 논리를 되돌아보게 하는 사건이다. 더 나아가 어른의 세계가 지닌 총체적 난국을 나타내며 삶의 위기를 의미한다.

우리가 이 시대 상황을 진정 위기로 자각한다면, 그 위기는 우리에게 물음을 요구한다. 그것은 어른의 세계에 대한 총체적인 진단을 요구한다. 인간은 항상 자기 존재 자체가 문제가 되는 존재이다. 즉 사막은 우리에게 인간 존재와 삶의 의미를 되돌아보고 물음을 던지도록 하는 곳, 선택과 결단을 요구하는 곳이

33

다. 그것은 '죽느냐 사느냐'의 문제이다. 그렇다. 사막은 일차적으로 인간의 생물학적인 생의 위기를 느끼게 하는 곳이다. 하지만 인간의 삶이 생물학적인 의미 그 이상의 것이라면, 사막에서 우리는 새로운 의미의 '죽느냐 사느냐'를 찾을 수 있다. 이처럼 우리가 삶을 위기로 규정할 수 있다면, 그것은 삶을 새롭게 이해하는 기회이다.

이 같은 위기의식은 문제투성이인 어른의 세계와 삶을 어떻게 할 것인가를 묻는다. 아무 문제도 없었던 것처럼, 그 위기를 눈감고 외면해야 하는가. 아니면 어른의 세계가 지닌 위기를 직시하고, 새로운 길을 모색해야 하는가? 결국, 비행기의 모터 고장은 바로 어른 세계의 위기와 그 위기에서 어떻게 할 것인지를 의미한다. 그것은 단순히 한 개인의 불행이 아닌 우리 시대의 불행이며, 어른의 세계에 대한 경고음이다. 경고음은 계속 무시했을 때 어떤 비극이 초래될 수 있는지를 알려 주는 소리이다. 그리고 우리에게 필요한 조치, 즉 어떤 결단을 요구하는 소리이다. 하지만 많은 어른은 그 경고음을 무시하거나, 들으려 하지 않는다. 아직도 희망은 있는 것일까!

더욱이 이러한 위기의 경고음은 누구나 들을 수 있는 것이 아니다. 그 소리는 위기를 자각하는 자, 물음을 던지는 자에게만 들린다. 모든 사람이 사막으로 나간다고 해서 그 사막의 가치를 아는 것은 아니다. 조종사는 사막에서 어린왕자를 만남으로써 삶에 대한 질문과 해답을 구할 수 있었다. 사막은 우리에게 갈증을 일으키는 곳, 각자 자신의 현실(비행기의 고장 난 모터와 일주일치의 물)을 직시하는 곳이다. 동시에 사막은 그 갈증을 해결해 줄 물을 감추고 있는 곳이며, 그 갈증을 해결해 줄 물을 발견하는 곳이다. 우리가 진정으로 자신의 세계와 삶에 대하여 목말라하고 갈증을 느낀다면 우리는 사막에서 그 목마름을 해결해 줄 물을 찾을 수 있을 것이다.

하지만 어른은 자신들의 삶에 목말라하지 않으며, 물을 찾지도 않는다. 그래서 우리에게 남은 물은 매일 조금씩 줄어 간다. 이렇게 매일 줄어 가는 물은 이 시대의 가난함을 의미하며, 궁핍한 시대상의 상징이다. 이 시대의 가난함을 자각하는 것에서 새로운 출발이 시작된다. 결국, 사막에 대한 내적인 탐구는 자신에게 물음을 제기하고 해답을 구하는 여행이다. 우리는 이 여정을 통해 시련을 겪으며, 인간적으로 성숙하고 세상을 보는 새로운 눈을 갖게 될지도 모른다.

★ 사막, 삶의 길을 묻는 곳

사막! 오늘날 사막은 어떤 곳인가? 어른 가운데 여행을 통해 사막을 돌아본 사람이라면, 사막은 황량하지만 하룻밤 아름다운 추억을 만들 수 있는 곳이다. 저 멀리 곡선미를 자랑하는 모래 언덕을 바라보고, 바람결에 그 언덕 위를 굴러가는 모래 알갱이를 감상할 수 있다. 차를 타고 까맣게 탄 현무암 돌들이 깔린 흑사막을 질주할 수도 있고, 백사막을 덮고 있는 석회암 조각상을 감상하거나 사진을 찍을 수도 있다.

저녁 무렵이면 작은 모래 언덕 위에서 해지는 노을을 감상하며 대자연의 장관에 취할 수도 있다. 그리고 원주민과 저녁을 먹고, 그들과 캠프파이어를 하며 별을 세어 볼 수도 있다. 조종사 역시 사고가 나지 않았다면 대지 위로 펼쳐진 사막의 아름다움을 감상하며 지나갔을 것이다. 이처럼 오늘의 사막은 단지 낭만적인 추억의 대상이다. 그런 사막은 우리가 감각의 눈으로 만나는 곳일 뿐이다.

이제 사막의 내면을 여행하여 보자! 사막은 도시와는 달리 대단히 메마르며 고요한 곳이다. 더는 어른의 소리가 들리지 않으며, 도시(마을)의 재미와 즐거움을 찾을 수 없는 곳이다. 사막은 도시와 공간적으로 단절된 곳이다. 사막은 인간의 인위적인 손길이 닿지 않은 순수한 자연에 가깝다. 그곳은 소비생활과 문화 활동을 위한 어떤 시설물도 없다. 사막은 도시 생활에서 인간의 욕구 실현이 차단된 공간이다.

하지만 그 속에서 우리는 욕구와 삶을 되물어 볼 수 있다. 그러므로 사막은 우리의 시선을 자기 자신에게 향하게 한다. 즉 사막에서 말할 수 있는 유일한 존재도 자신이며, 그 소리를 들을 존재 역시 자신뿐이다. 사막은 인간이 자신을 진정으로 대면할 수 있는 곳이다. 사막은 인간이 자신의 존재를 되돌아보고, 그 삶의 의미를 반성하게 하는 곳이다. 사막은 자신의 존재에 눈뜨고 그 존재의 소리에 귀 기울이는 공간이다. 사막은 많은 어른의 공간이 아니라 도시에서 추방된 자, 도시의 삶에 저항하는 자, 그 삶의 논리에 적응하지 못하는 소수자의 발길이 향하던 곳이다.

그들은 사막에서 도시의 지친 삶을 치유하고, 도시의 삶에 저항하며, 새로운 삶을 보는 눈을 키웠다. 그리고 사막은 민족의 운명을 가늠하며, 신과의 교감을 이루려는 수많은 예언자와 선지자들의 땅이었다. 그렇게 사막은 항상 그곳에 있었다. 안타깝지만 현재의 어른은 이러한 사막을 감각의 눈으로밖에는 보지 않는다. 그리고 그곳에서 더는 물음을 던지거나 해답을 구하지 않는다.

어린왕자의 별

다른 별에서 온 어린왕자

이 시대의 목자

★ 기술 시대의 상징, 비행기

어린왕자는 조종사에게 많은 것을 묻는다. 비행기를 처음 보았을 때, 이렇게 물었다.

"이 물건은 도대체 뭐예요?"
"그것은 물건이 아니야. 날아다니는 거야. 비행기지, 내 비행기야."
내가 날아다닌다는 것을 그에게 자랑스럽게 말했다.

어린왕자는 지구별 조종사(어른)의 가치 체계를 가지고 있지 않다. 그래서 비행기를 보았을 때, '이 물건은 뭐예요?'라고 묻는다. 어린왕자(아이)는 자신의 눈앞에 보이는 그 대상이 가지는 가치를 모른다. 아마도 그의 세계에서는 모든 가치가 동등할지도 모른다. 하지만 조종사(어른)는 자신이 가진 비행기의 가치를 높게 여긴다. 그것은 어른의 세계에서 가장 높은 가치라 여겨지는 비행기에 대한 자부심이다.

비행기는 기술 시대의 상징이다. 어른의 세계에서 비행기는 자랑스러운 과학 기술의 결정체이다. 오늘날 비행기 제작 기술은 엔진을 비행기 선형에 어울리도록 설계한다. 부품을 정밀하게 가공하는 기술은 엔진 소리를 고르게 조절할 수 있도록 한다. 공기 저항을 줄이고 속도를 높일 수 있도록 외형을 유선형으로 디자인한다. 이처럼 발달한 비행기는 인류 기술 문명의 총아, 가장 빠른 공간 이동의 수단이다. 어른(조종사)은 자신이 비행기를 가지고 있고, 비행기로 대륙을 이동한다는 사실을 아이(어린왕자)에게 자랑하고 싶었을 것이다.

걷는 것보다는 자전거를 타는 것이, 자전거보다는 자동차로 이동하는 것이, 자동차보다는 비행기로 가는 것이 얼마나 빠른가! 어른은 누구나 그런 비행기를 타고 싶어 하고, 나아가 그런 것을 가지고 싶어 한다. 이것이 어른의 로망이다. 어른의 세계에서 그것은 당연하며, 대단히 자랑스러운 일이다. 누구나 하늘을 나는 비행기를 자랑하고 싶을 것이다.

어린왕자는 기술과는 무관한 세계에서 왔다. 비행기는 어린왕자의 별에서 볼 수 없는 '신기한 것'이다. 하지만 그것은 '중요한 것'이 아니다. 어른은 감각의 눈으로 세상을 보기에 비행기가 얼마나 복잡한 구조를 가진 것이며, 얼마나 멀리까지 갈 수 있는지를 생각한다. 대부분 어른은 빠르게 이동할 수 있는 비행기에 감탄하며 자랑스러워 할지 모른다.

이동 수단은 우리의 세계 경험에 영향을 미친다. 비행기를 타고 해외여행을 나가 본 사람은 안다. 비행기는 순간적인 공간 이동의 마술을 부리지만, 그 사이 우리의 경험과 시간은 멈춘다. 비행기는 걷거나 자전거로 이동할 때와는 달리 이동하는 시간 사이의 모든 경험 가능성을 앗아간다. 어른은 비행기가 은폐한 침묵의 세계를 보지 못한다. 그리고 그 은폐된 세계가 얼마나 소중할지 생각하지 않는다.

어른은 감각의 눈으로 세계를 보고, 과학의 이름으로 세계를 읽고 해석한다. 그들은 기술의 방식으로 자연과 관계하기에 진정 소중한 관계 방식을 보지 못한다. 비행기는 가장 빠른 이동 수단이지만, 공간을 이동하며 보고 느낄 수 있는 이동 과정 중의 모든 경험의 가능성을 사상하고 은폐한다. 이처럼 과학과 기술은 우리의 경험 세계를 왜곡하며, 나아가 삶을 왜곡한다.

감각의 눈으로 세계를 보는 어른은 감각의 눈이 은폐하는 것을 보지 못한다. 눈에 보이는 것만을 보고 즐기며, 그것을 가지려고 많은 시간을 보낸다. 다른 별에서 온 어린왕자의 눈에는 이것이 어리석어 보였을 것이다. 그에게는 감각을 넘어선 마음의 눈에 보이는 상자 안의 양이 더욱 소중할 따름이다.

★ 기술 시대의 가난함

비행기에 대한 조종사와 어린왕자의 태도 차이는 기술과 인간의 관계, 기술 시대의 삶의 조건을 생각하는 방식에도 적용된다. 20세기 이후, 인간은 어느 시대보다 풍요로운 삶을 누리고 있다. 그런 풍요로움의 토대는 '기술'이다. 우리는 기술을 토대로 형성된 현대 사회를 기술 사회, 기술 시대로 규정할 수 있다. 현대의 기술은 과학적 기술이며, 과학 역시 기술적인 과학이다. 과학과 기술은 일란성 쌍둥이이다. 기술 사회와 기술 시대는 기술과 인간의 관계, 인간 삶의 조건을 변화시켰다. 하지만 기술 시대에 우리의 삶은 여전히 풍요로운가?

기술이란 무엇인가? 인간의 삶은 자연(세계)과의 관계를 통해 이루어지며, 이 관계를 매개하는 것이 기술이다. 인간은 더 이상 다른 동식물과 같이 직접적으로 자연과 관계하지 않고, 기술을 통하여 간접적으로 관계한다. 최초의 기술은 단순히 인간 신체의 연장으로서, 인간의 의지를 실현하는 수단에 불과했다. 그래서 과거의 기술은 인간이 자연과 관계하는 방식의 보조적인 수단이었다. 하지만 오늘날 기술은 단순히 인간 신체의 연장 정도를 넘어서, 보다 적극적으로 자연을 지배하고 통제하는 과정에 개입하는 힘이다. 기술은 인위적인 문명의 상징이며, 그 문명을 건설하기 위해 자연을 개조하는 힘이다.

자연은 이제 기술이 지닌 목적을 성취하기 위한 단순한 재료로 전락한다. 즉 자연의 땅, 동물과 식물은 모두 기술적으로 생산성을 높이기 위한 수단에 불과하다. 자연은 이제 놀라움, 경외의 대상도 아니며, 어머니의 품과 같은 존재도 아니다. 다만 인간이 활용하고 사용하기 위한 사물의 단순 집합이다. 자연은 더 이상 신비의 대상도 아니고, 이미 그 자체의 신성을 상실했다. 자연을 바라보고 이해하는 우리의 시선이 변한 것이다. 기술 시대의 어른은 자연 속에서 그 다양한 의미 가능성을 보지 않는다. 그들은 스스로 황혼이 지는 저 너머 어둠의 시대로 향해 간다. 이 어둠의 시대를 살아가는 인간은 풍요로움 속에서도 여전히 가난하다.

오늘날 기술 시대의 기술은 보다 독특한 의미를 지니며, 우리의 삶을 규정하는 중요한 요소이다. 기술은 단지 자연을 지배하고 통제하는 수준을 넘어서 생산 방식과 조직 방식을 규정하고, 삶과 문화 속에 깊이 개입한다. 이제 기술은 인간의 의지와 통제를 벗어나 그 자체의 논리와 법칙에 따라 발달하고 전개된다.

기술이 삶과 사회를 지배한다. 인간은 더 이상 기술의 주인이 아니다. 기술의 주인은 기술 그 자신이며, 기술이 인간의 주인이다. 즉 인간의 모둠 살이, 사회 역시 온통 기술과 기계로 움직이고 기술과 기계의 법칙과 논리가 지배한다. 인간의 공동체인 사회도 더 이상 기술의 주인이 아니다. 인간을 위해 봉사하도록 만들어진 기술이 역으로 우리의 삶을 진단하고 처방하며, 명령하는 지위에 있다. 이제 인간과 기술은 주객이 전도된 사회 질서를 창조하고 그 사회 속의 인간은 위기의 삶을 산다. 이것이 곧 풍요로운 기술 시대의 가난함이 아닐까!

★ 이 시대의 목자, 어린왕자

어른은 기술 문명의 혜택을 누리며 산다. 어른은 자기 취향의 다양한 차를 몰며 출퇴근하고, 언제 어디서나 다른 사람과 통화할 수 있는 핸드폰을 들고 다닌다. 그들은 기술 문명의 발명품이 제공하는 재미와 즐거움에 중독되어, 인생의 많은 시간을 허비한다. 그것을 구입하는 데 필요한 돈을 벌기 위해 시간을 보내고, 또 기계의 다양한 기능에 심취하여 시간을 보낸다. 어른의 하루 삶은 기계를 사용하고 즐기는 시간으로 채워진다. 이제 그들은 기계 없는 삶을 상상할 수 없다. 이 어른의 세계에서 성장하는 아이들 역시 마찬가지이다. 누가 이 기술 시대의 풍요로움 속에 은폐된 가난함을 깨우칠까?

조종사(어른)는 어린왕자(아이)가 지구와는 다른 별에서 왔다는 사실에 호기심으로 몸이 달아오른다.

나는 신비한 그의 존재를 이해할 단서가 한 줄기 빛이 스치듯 떠올라 바로 물었다.

"그럼 너는 다른 별에서 왔니?"

그러나 그는 대답하지 않았다. 다만 내 비행기를 바라보며 조심스러운 눈빛으로 고개를 끄덕였다. …

그가 슬며시 내비친 '다른 별'이라는 비밀 같은 말을 듣고 달아오르는 호기심에 흥분되었다.

어른은 자신의 세계에 몰입하여 살기 때문에, 다른 별에서 온 어린왕자에게 무관심할 수 있다. 어린왕자는 전혀 다른 방식으로 세계를 보는 눈을 가진 존재이다. 어린왕자는 지구별이 아닌 다른 별에서 왔기 때문이다. 만약 어린왕자가 지구별의 어딘가에서 왔다면, 그는 어른의 세계에서 살며, 그 세계의 논리를 배우며 성장했을 것이다. 결국 그는 어른 세계의 논리에 물든 아이일 것이다. 그런 아이는 어른의 눈으로 세계를 본다. 더욱이 지구별 어른은 자기 시대의 풍요로움에 눈 먼 사람이기에, 시대의 가난함에 눈뜰 수 없다. 이 시대의 가난함을 보고 자각하기 위해서는 전혀 다른 별에서 온 존재의 시선이 필요하다. 우리는 어린왕자의 눈을 통해 이 시대의 가난함을 엿볼 수 있다.

어른의 세계에 물든 존재는 그 세계의 가난함을 제대로 자각하기 어렵다. 감각의 눈으로 세계를 보는 어른의 눈은 다양한 색의 안경을 끼고 있고 그 색안경의 수만큼 다양한 세계가 있다. 어른은 하나의 색안경으로 평생을 살기도 하며, 한 색안경이 마음에 들지 않는다며 다른 색안경으로 바꾸기도 한다. 파란 색안경을 쓴 사람에게 세상은 온통 파란색이며, 분홍 색안경을 쓴 사람에게 세상은 온통 분홍색이다. 이렇게 세계는 우리의 색안경에 물들어 드러난다. 안경의 색에 따라 세계는 전혀 다른 색으로 나타나지만, 그 다양한 색안경 자체가 하나의 감각의 눈이다. 어른은 감각의 눈에 보이는 세계를 믿고, 확신하며 살아간다. 누구도 자신의 세계를 의심하거나 반성하지 않는다.

한 세계의 논리에 물든 인간이 자신이 속한 세계와 삶을 온전히 반성하고 성찰할 수 있을까? 어른의 세계에 익숙한 어른 역시 자신이 발 딛고 있는 세계와 자신의 삶을 스스로 반성하고 성찰한다. 하지만 어른의 세계는 이미 자신들이 낀 안경의 다양한 색에 물든 세계이다. 어른이 자신의 삶을 성찰하고 반성하며 무엇이 문제인지 알려고 하지만, 그런 인식과 반성의 논리 역시 바로 자신이 낀 색안경과 그 논리를 벗어날 수 없다. 예를 들어, 기술과 자본의 논리에 길든 어른은 그 기술과 자본의 관점과 논리로 자기 세계의 문제를 반성하고 성찰할 것이다.

어른은 결국 기술과 자본의 논리로 자신들의 문제를 진단하고 해결책을 찾는 것이다. 이처럼 어른은 자신이 학습한 관점과 논리로 자신의 시대를 반성하고 성찰할 뿐이다. 그러므로 어른의 반성과 성찰은 결국 자신의 세계가 지닌 문제를 제대로 보지 못한다. 중요한 것은 기존의 색안경을 대체할 다른 색안경을 찾는 것이 아니다. 우리는 색안경을 벗고 본래 있는 그대로의 세계를 볼 수 있을까? 있는 그대로의 세계는 어떤 세계이며, 그것을 볼 수 있는 눈은 어떤 눈인가?

어른의 성찰과 반성의 가능성과 한계는 거울의 비유를 통해 생각해도 마찬가지이다. 우리가 거울 속의 자신의 모습을 들여다보듯이, 삶을 대상화하고 객관화시켜 보아야 한다. 어른은 이미 자신의 세계 내에서 다양한 관점과 논리에 물든 존재이다. 그 모습으로 거울 앞에 섰다고 가정해 보라. 확인할 수 있는 것은 이미 그 관점과 논리에 물든 존재일 뿐이다. 즉 어떤 관점이나 논리에 물들지 않은 자신의 진짜 모습을 볼 수 없다.

이처럼 어른은 특정 관점이나 논리로 세계를 보고, 그 관점이나 논리에 물든 자신을 만난다. 어른의 반성은 결국 거울에 드러난 자신의 삶과 논리의 틀을 벗어나기 어렵다. 거울이 문제가 아니라, 자신이 문제이기 때문이다. 어른은 거울을 탓할지 모른다. 하지만 자신의 삶과 논리가 바뀌지 않는 한, 우리는 여전히 문제 있는 자신을 볼 뿐이다. 거울은 우리의 모습을 드러낼 뿐, 우리 삶이 향해야 할 방향을 말하지 않는다.

앞에서 말한 색안경의 비유나 거울의 비유는 우리가 자신의 삶과 시대상의 문제를 성찰하는 것이 얼마나 어려운지를 말해 준다. 우리가 이미 문제 있는 상처투성이의 삶과 시대의 관점을 가지고 거울 앞에 선다면, 거울 속에서 어떤 자기 모습을 보기를 기대하는가? 우리는 거울 속에서 자신의 본래 깨끗한 모습을 보지 못할 것이다. 우리가 깨끗한 자기 모습을 보겠다고, 색에 물든 손으로 얼굴을 닦고, 몸을 닦아도 마찬가지이다. 어른은 자신이 발 딛고 있는 세계에 물들어 있고, 따라서 그 세계에 물들지 않은 본래 자기 모습을 보기 어려울 수밖에 없다.

어떻게 하면 본래 자기의 모습을 볼 수 있을까? 그것은 본래 자신의 모습을 되찾은 이후에 거울 앞에 서는 것이다. 그럴 가능성은 있는 것일까? 우리는 아직 알 수 없다. 어른은 대개 자신이 색안경을 끼고 있다는 사실조차 자각하지 못하는 경우가 많기 때문이다. 혹은 자신이 끼고 있는 색안경에 너무 집착한 나머지 그것을 벗어 버린다는 것이 무리한 요구일 수도 있다.

다행히도 우리 곁에는 어른의 세계에 물들지 않은 어린왕자가 있다. 어쩌면 그가 우리를 도와줄지 모르겠다. 어린왕자는 어른이 사는 지구가 아닌 다른 별에서 왔기 때문에 그의 여행을 통해 전혀 새로운 세계와 태도를 경험할 수 있을 것이다.

소혹성 B612호

어른은 숫자를 좋아한다

★ 어른의 학문, 관찰과 증명

　　조종사는 다른 별에서 왔다는 어린왕자에게 호기심이 생겼다. 그는 어린왕자가 사는 별이 궁금했다.

　나는 이렇게 아주 중요한 두 번째 사실을 알게 되었다. 그의 별이 집 한 채 정도의 크기라는 것이다! 그것은 나에게 놀라운 일이 아니었다. …

　천문학자는 그런 별을 찾으면 이름 대신 고유번호를 붙인다. 이를테면 '소혹성 3251'라는 식이다.

　나는 어린왕자의 별이 소혹성 B612호라고 볼 상당한 근거를 가지고 있다. 그 별은 1909년에 터키 한 천문학자의 망원경에 딱 한 번 포착되었다.

　어른은 자신들의 세계에서 너무 바빠, 전혀 다른 방법으로 세계를 보는 어린

왕자와 그의 별에는
관심이 없다. 사실 그가
사는 별은 집 한 채 정도
의 크기여서 어른의 눈에는
잘 보이지 않는다. 하늘의 별
을 연구하는 천문학자들조차 지
구에 비하면 너무 초라한 작은 별
의 존재를 신통치 않게 생각한다. 이처
럼 어른은 감각의 눈에 드러나는 것에만 관
심을 가질 뿐이다. 하지만 마음의 눈을 가진 우
리 가운데 누군가는 어린왕자와 그 별의 존재를 이
우주 어딘가에서 찾을 수 있을 것이다.

감각의 눈은 인식의 확실성을 추구하며 증명을 요구한다. 그것은 자기 밖의
대상을 보는 눈이다. 분명, 어린왕자의 별은 존재한다. 이처럼 어떤 것의 존재
를 말하면, 어른은 '그것을 어떻게 알 수 있느냐'며 묻는다. 이것은 인식의 방법
과 확실성의 문제이다. 이런 인식론적인 태도는 대상이 우리와 상관없이 그 자
체로 존재한다고 믿고, 대상을 아는 방법을 요구한다. 이것은 세계의 존재를 증
명하는 문제이다. 증명의 문제는 세계를 보는 눈, 즉 '주관(사유)'과 눈에 보이는
대상, 즉 '객관(존재)'을 분리하기에 생겨난다. 어른은 인식을 눈과 대상, 사유
와 존재, 주관과 객관의 관계로 이해한다.

인식은 이질적인 두 영역의 어색한 만남이다. 어른은 주관과 객관을 분리하

고, 그 간격을 메우기 위해 노력한다. 또한, 자신의 사유(주관)의 한계를 넘어, 그 밖의 존재(객관) 영역을 꿈꾼다. 인간은 사유하는 주관이며, 세계는 우리와 대립하여 마주하고 있는 객관이다. 하지만 인식을 이질적인 두 요소로 구분한 후, 그것을 결합하려는 희망은 처음부터 이루어질 수 없는 꿈이다. 이런 인식론적 태도가 어른의 사고방식이다. 그렇게 함으로써, 어른은 자신들이 대단히 합리적이며 이성적인 존재가 된 듯 뿌듯해 한다. 어른의 학문, 바로 과학적 자세가 그런 것이다. 어른은 대상세계를 끊임없이 관찰하고 자신이 발견한 것을 증명하려 한다. 이것이 감각의 눈으로 세계를 보는 어른의 한 방법이다.

어른의 학문 즉 과학의 중요한 활동은 사실을 확인하는 것이다. 그것은 연구 대상(사물, 현상 등)을 관찰하는 것으로 시작된다. 과학적인 관찰 활동은 항상 '관찰 대상'과 그것을 '측정하는 도구'를 필요로 한다. 과학은 감각의 한계를 극복하기 위해 더욱 정확한 측정 도구와 관찰 장비를 사용한다. 그것은 감각의 눈이 지닌 능력의 확대이며 확장이다. 정밀하고 정확한 관찰 도구는 인식의 확실성을 보장하며, 보다 객관적이며 합리적인 인식의 조건이다.

어른은 사물을 인식할 때, 이미 공인된 표준적인 측정 도구를 사용한다. 예를 들어, 사물이나 사람의 무게를 잴 때는 저울을 사용하고, 물의 온도를 측정할 때는 온도계를 사용한다. 이와 같은 다양한 측정 도구가 감각의 한계를 보완한다. 측정 도구는 감각의 눈이 지닌 한계를 보완하고 객관성을 증대시킨다. 어른이 개발한 측정 도구는 사물 인식의 수준을 이전과는 비교되지 않을 수준으로 향상시켰다. 그것이 어른의 학문, 과학이 성취한 위대한 업적이다. 하지만 어른의 학문적 과욕은 사물 인식에 거치지 않고, 인간과 사회의 영역으로 확대된다. 어른은 구체적으로 만지거나 볼 수 있는 대상을 측정할 때뿐만 아니라, 눈에 보이지 않는 것들을 확인할 때도 측정 도구를 사용한다. 어른은 개인의 건강, 행복, 능력, 신용 등 수많은 것을 측정하고 평가한다. 또한, 그 결과를 숫자로 나타내기를 좋아한다. 자신들의 관찰이나 발견을 숫자로 나타나면, 보다 객관적이고 합리적이게 보인다. 감각의 눈은 사람마다 다를 수 있으며, 그 자체 한계를 지닌다. 어른은 이 사실을 알기 때문에 그것을 보완하기 위해 측정 도구를 이용하여 관찰하고, 그 결과를 객관적인 수치로 표현한다. 매우 그럴듯한 과학적인 태도이다.

하지만 이러한 과학적인 태도는 인식의 과잉이다. 감각의 눈은 대상을 증명하는 눈, 대상을 실증적으로 검증하는 눈이다. 그것은 어떤 대상을 항상 증명할 수 있고, 검증할 수 있는 것으로 바꾸는 능력이다. 예를 들어, 개인의 건강, 행복, 능력은 눈에 보이는 사물처럼 존재하는 것이 아니며, 수많은 다른 요소들과의 관계에서 드러난다. 감각의 눈은 한 개인의 그 모든 가능성을 보지도 않고, 보려고도 하지 않는다. 어른은 우선 그것을 관찰하는 도구와 평가할 수 있는 기준(척도)을 개발한다.

한 경제학자가 사람들의 행복 정도를 측정하기 위해, '행복 = 소유/욕구'라는 공식 혹은 측정 방법을 사용한다고 가정해 보자. 경제학자는 행복을 측정할 수 있는 소유와 욕구의 관계로 대체한다. 이제 행복은 그들이 사용하는 측정 도구와 평가 기준으로 바뀐다. 이 공식에 따르면, 어른은 행복을 극대화하기 위해 소유를 늘리거나 욕구를 줄여야 한다. 행복의 정도를 확인하기 위해 '어떤 측정 기준, 평가 도구를 사용할지를 정하는 것'이 '행복이 무엇인가'를 결정한다.

어른이 대상을 측정하기 위해 사용하는 기준을 정하는 방법이 곧 '건강', '행복', '능력' 등의 대상이 무엇이며, 나아가 그 대상을 보는 어른의 시선을 결정한다. 그들은 이미 자신들이 가진 측정 도구나 기준을 이용하여 사람들을 평가하고 확인하여 그 결과를 수치로 나타낼 때, 그 측정 도구에 의해 파악되지 않는 것을 고려하지 않고 배제한다. 어른의 이러한 태도들은 자연을 인식할 때뿐 아니라, 인간의 삶과 사회의 제반 영역으로 확대된다. 또한, 어른은 간혹 객관적인 관찰보다는 그 관찰자의 국적, 신분, 외모에 더 신경을 쓰기도 한다.

그 별은 1909년 터키 한 천문학자의 망원경에 딱 한 번 포착되었다. 그 천문학자는 자신이 발견한 것을 국제 천문학회에서 훌륭하게 발표했다. 하지만 그가 입은 옷 때문에, 다들 그의 발견을 믿어 주지 않았다. 어른은 항상 그렇다. …

그 천문학자는 1920년에 아주 멋있는 옷을 입고 나와 다시 발표했다. 그러자 이번에는 모두들 그의 말을 믿었다.

감각의 눈에는 잘 보이지 않는 어린왕자의 별을 찾은 천문학자보다는 그의 외모나 의상에 더 신경을 쓴다. 그래서 어른은 그 사람의 의상, 외모, 지위 등이 그가 하는 말의 진실성을 보장한다고 믿는다. 이처럼 진실한 말을 하기보다는

자기 말의 진정성을 보장해 줄 만한 것에 더 신경을 쓴다. 더 좋은 의상과 외모를 가꾸고, 높은 지위를 가지려고 노력한다. 말의 진정성은 보이지 않지만, 의상, 외모, 지위는 눈에 잘 보이기 때문이다.

그것은 감각의 눈에 보이는 것만을 보고 믿는 어른의 당연한 태도이다. 하지만 어린왕자의 별은 존재한다. 어린왕자를 책 속으로 불러낸 생텍쥐페리만이 아니라, 책을 읽고 어린왕자와 친구가 되려는 어른에게도 별은 존재한다. 이처럼 어린왕자의 이야기를 귀 기울여 들으려는 많은 이들에게 각기 다양한 방식으로 별은 존재한다. 그것은 처음부터 증명의 문제가 아니라 이해의 문제였다.

★ 숫자를 좋아하는 어른

어른은 사물의 성질을 알려고 하지 관계하려고 하지 않는다. 그것은 어른의 질문을 살펴보면 알 수 있다. 질문은 대상에 대해 어떤 호기심과 관심이 있는지를 말한다. 즉 질문의 방식은 관심의 표현이다. 그것은 상대방의 무엇을 보며, 어떻게 보는지를 나타낸다.

새로 사귄 친구 이야기를 할 때, 어른은 도대체 중요한 것을 물어보지 않는다. "그 아이의 목소리는 어떠냐? 그 아이는 어떤 놀이를 좋아하냐? 그 아이도 나비를 채집하냐?" 어른은 이런 질문을 절대로 하지 않는다.

어른은 항상 이렇게 묻는다. "그 아이는 몇 살이냐? 형제는 몇 명이냐? 몸무게는 얼마냐? 아버지의 수입은 얼마냐?" 그 후 그 친구가 어떤 사람인지 알게 된 줄로 생각한다.

숫자를 좋아하는 어른의 질문 습관은 특정 개인의 문제가 아니라 어른 세계의 논리이다. 그 세계는 한 개인의 건강, 행복, 능력, 신용 등 다양한 것을 숫자로 표현한다. 예를 들어, 교사는 학생의 능력을 평가할 때, 시험의 성적으로 석차와 등급을 매긴다. 학생의 능력은 숫자로 기록되고, 그 숫자는 학생의 평생 꼬리표가 된다. 은행은 고객의 신용에 등급을 부여한다.

이처럼 어른은 자신들의 측정방법으로 사람들의 능력을 평가하고, 그 능력을 수치(점수)로 나타낸다. 어른은 아이에게 높은 점수를 받도록 격려하고, 수치화된 점수는 아이를 가늠하는 기준이 된다. 물론 수치화된 점수는 아이에게 부가된 사회적 평가이며 가치이다. 하지만 아이의 특정 능력과 수치화된 평가 결과는 아이 자신을 대신할 수 없다. 어른은 아이의 특정 사회적 능력을 부분적인 척도로 가늠하고, 그 결과로 아이를 평가하는 데 익숙하다.

결국, 그 평가 기준으로 알 수 없는 아이의 능력이나 총체적인 가능성은 배제된다. 어른은 자신이 보고 싶은 것만을 본다. 이것이 어른 세계의 논리이다. 어른은 그것을 너무나 당연하게 받아들이기에 자신들의 논리에 의문을 갖지 않는다. 마치 객관적인 것처럼 보이게 하는 숫자 표기가 감각의 눈에 보이지 않는 많은 것을 은폐하고 있음에도 말이다.

★ 소혹성 B612호와 어린왕자의 별

어른은 '어린왕자의 별'을 '소혹성 B612호'라고 부른다. '소혹성 B612호'는 우주 어딘가에 그 자체로 있을 별의 이름일 뿐이다. 이것이 어른의 방식이다. 어른은 아이들이 자신들(어른)처럼 대답하기를 좋아한다. 하지만 별을 '어린왕자의 별'이라 부르는 것은 다르다. '어린왕자의 별'은 그 별의 주인이 누구이며, 어떤 삶을 살았는지 귀 기울여 듣도록 한다. '어린왕자의 별'은 이미 그를 이해하고 기억하는 이들에게 다양한 방식으로 존재한다.

그러므로 한여름 밤 은하수의 수많은 별을 보며, 어린왕자의 별과 이야기를 다시 떠올릴 수 있다. 어린왕자의 친구는 은하수 어딘가에 있을 그가 사는 별을 상상한다. 어린왕자가 들른 작은 소혹성들은 그의 여행 과정과 그 추억을 회상하도록 하는 별이다. 이처럼 어린왕자의 별은 관찰과 증명의 대상이 아니라, 기억과 이해, 해석과 믿음으로 만나는 별이다. 그리고 어린왕자의 별은 마음의 눈으로 보아야 하는 별이다.

"어린왕자는 웃으며 나에게 다가왔어요. 양 한 마리를 그려 달라고 말했어요. 바로 이것이 그가 이 세상에 왔었다는 것을 말해 주는 거예요." 이렇게 말하면 어른은 어깨를 으쓱하고는 여러분을 아이 취급할 것이다. 그러나 "그가 떠나 온 별은 소혹성 B612호입니다"라고 말하면, 어른은 더는 질문을 하거나 귀찮게 굴지 않는다. 어른은 모두 그렇다.

어른은 어떤 대상과 관계하는 방식에 서툴다. 그들은 그 대상에 대한 객관적인 지식에 더 관심을 가진다. 감각의 눈은 관찰하고 증명할 수 있는 대상에 주목하고, 그것에 대한 지식을 숫자로 표시한다. 어른은 항상 감각의 눈에 보이는 것에 관해 묻고 답하는 방식을 좋아한다. 하지만 중요한 것은 눈에 보이지 않는다. 상대방과 관계함의 중요성을 알고, 그 관계를 통해 삶을 이해하려는 이들은 숫자 같은 것에 너무 집착하지 않는다. 삶의 가치와 의미를 이해하는 사람에게 그런 것은 중요하지 않다.

인생을 이해하는 사람에게 중요한 질문은 무엇일까? 어른처럼 묻고 답하는 대화 방식은 삶을 잘 이해하는 좋은 방법이 아니다. 어른의 방식과 그 결과가 마음에 들지 않으면 간혹 다른 질문을 해야 한다. 여러분은 자신의 모습이 어떤 방법으로 표현되기를 바라는가? 어린왕자를 만난 어른은 그에 대해 다음과 같이 말하고 싶었다고 말한다.

"옛날에 어린왕자가 자기보다 조금 클까 말까 한 작은 별에서 살고 있었는데, 그는 친구를 사귀고 싶어 했습니다…." 인생을 이해하는 이들은 이런 이야기를 더 진실되게 느낄 것이다.

이것이 삶의 가치와 의미를 이해하는 사람들의 방식이다. 상대방의 삶과 세계에 귀 기울이고, 상대방의 마음 씀의 방식에 따라 응대하는 것이다. 어린왕자의 삶과 세계는 감각의 눈을 부릅뜨고 살펴봐도 보이지 않는다. 그것은 처음부터 감각의 눈에 드러나는 대상이 아니었다. 어린왕자의 별은 실증적인 검증의 대상이 아니다. 그를 보기 위해서는 새로운 눈을 사용해야 한다. 세계와 삶을 보는 새로운 눈은 귀하다. 이것을 어른의 세계에서는 찾아보기 어렵다. 하지만 어린왕자와 친구가 됨으로써, 그 눈을 발견하게 될지도 모른다. 어른과 친구가 된다면 감각의 눈만을 볼 뿐이다. 하지만 어린왕자라면 새로운 눈을 찾을 수 있다. 여러분은 누구의 친구가 되고 싶은가? 어린왕자의 친구가 되려면 자신에게 익숙한 세계에서 잠시 떠나야 하지 않을까?

★ 어린왕자를 기억하기 위해

누군가의 친구가 된다는 것은 무엇인가? 그가 소중한 친구라면, 그가 떠난 후 시간이 지나도 그를 잊지 않고 기억할 것이다. 여기서 어떤 문학작품 속의 주인공이 여러분의 친구라고 가정해 보자. 그 주인공의 이야기를 건성으로 읽지는 않을 것이다. 마찬가지로 어린왕자가 친구라면, 쉽게 읽고 끝내지는 않을 것이다. 이처럼 친구가 된다는 것은 길들임, 관계함의 방식이다.

어린왕자와의 추억을 이야기하려니 나는 깊은 슬픔을 느낀다. 나의 친구 어린왕자가 양을 데리고 떠난 지도 벌써 여섯 해가 된다. 내가 여기서 어린왕자를 그려 보려고 애쓰는 것은 그를 잊지 않기 위해서다. 친구를 잊는다는 것은 슬픈 일이니까. 누구나 다 친구를 가지는 것은 아니다. 그를 잊는다면, 나는 숫자 외에는 관심이 없는 어른과 같을지 모른다.

친구인 어린왕자가 떠난 지 여섯 해가 지났지만, 작가는 그를 기억하기를 원한다. 어린왕자를 기억하기 위해 그는 그림물감 한 상자와 연필을 산 후, 어린왕자의 여행을 글로 쓰고 그림으로 남긴다. 어른은 이미 어릴 때 그림 그리기를 포기했기 때문에, 그 작업은 힘든 일이지만 말이다. 그에게 어린왕자의 친구가 되는 과정은 어린왕자와의 이야기를 타인에게 들려주려는 작업의 시간 속에 녹아 있다. 그것이 친구를 기억하는 방식이다.

우리는 어린왕자의 친구인가? 하나의 작품은 그 자체가 작가가 빚은 하나의 세계이다. 그 세계는 작가 자신의 총체적인 삶의 모습과 이해를 담고 있다. 어린왕자는 곧 작가가 말하려는 삶의 이해를 지닌 캐릭터이며, 작가 그 자신이다. 그러므로 이 책을 읽는다는 것은 작가가 구축한 세계 속으로 들어가는 것이다. 그리고 그 세계 속의 주인공인 어린왕자를 만나고, 대화하며, 잠시나마 그의 여행에 동행하는 것이다. 우리는 그 동행을 통해, 어린왕자가 말하려는 삶의 의미와 세계의 지평을 경험하게 된다. 나아가 우리의 삶의 의미와 조건인 세계를 객관화하여 바라보거나 대상화시켜 반성할 수 있다. 이 과정을 통해, 우리는 어린왕자의 친구가 되기도 하고, 자기 삶을 바꾸는 작은 혁명가가 될 수도 있다.

이렇게 우리와 어린왕자 사이에는 수많은 열린 세계가 존재한다. 어린왕자는 그 세계 속에서 우리와 더불어 서로 말을 건네고 답하며, 대화하고 웃으며 존재한다. 이러한 세계는 무엇이든 객관적으로 검증하려는 어른의 눈에는 보이지 않는다. 그 세계는 스스로 실존적 가능성을 열고자 하는 개개인의 결단으로만 가능한 곳이다.

어른 가운데 많은 이들이 어린왕자와 친구가 되고자 한다. 지금 책을 읽고 있을 어른 역시 마찬가지이다. 각자 자신들의 방법으로 어린왕자의 친구가 될 수 있다. 우리는 불행하게도 상자 안에 있는 양을 보지 못할 수도 있다. 하지만 작가는 우리 곁에 왔었던 어린왕자의 친구가 되고, 그를 기억하기 위해 글을 쓰고 그림을 그렸다.

대부분의 어른 역시 이미 감각의 눈으로 세계를 보는 것에 익숙하기에, 어린왕자의 친구가 되기 어렵거나, 나아가 그의 세계에 참여하기 어려울지 모른다. 하지만 어린왕자는 항상 우리 가까이에 있다. 우리가 손만 뻗으면 닿을 수 있는 곳, 눈만 뜨면 볼 수 있는 곳에 말이다. 그럼에도 많은 어른에게 어린왕자는 여전히 먼 곳에 있는 존재이다.

바오밥나무를 조심하라

세계, 인간의 얼굴

★ 양과 작은 나무

어린왕자는 사막에서 만난 어른에게 양 한 마리를 그려 달라고 한다. 그리고는 양을 데리고 자신의 별로 돌아가려 한다. 아마 대부분 어른은 양 그림 하나에 특별한 의미를 두지 않을 것이다. 특히 그 양은 단지 그림일 뿐 살아 있는 것도 아니지 않은가! 하지만 어린왕자는 심각한 의문이 생긴 듯 느닷없이 묻는다.

"양이 작은 나무를 먹는다는 게 사실인가요?"
"그럼, 정말이지."
"아! 그럼 잘됐네!"
양이 작은 나무를 먹는다는 사실이 왜 중요한지 나는 이해할 수 없었다.

어린왕자의 질문은 양이 자신의 별에서 무엇을 할 수 있는지, 나아가 어떤 영향을 미칠지를 염려하고 있다. 어린왕자에게 양 한 마리의 등장은 매우 중요한 사건이다. 어른은 어린왕자의 질문을 중요하게 여기지 않는다. 어른은 양이 작은 나무를 먹을 수 있는지가 왜 중요한지 모른다. 바오밥나무의 성장을 내버려두게 되었을 때 어린왕자의 별이 얼마나 위험해질 수 있는지에 관심이 없다.

어른은 아직 어린왕자를 중심으로 펼쳐진 세계와 그 세계 내의 대상들의 관계를 보지 못한다. 하지만 어린왕자는 여우를 만나 '관계한다'는 것의 의미를 깨달았기 때문에, 양 한 마리를 자신의 별로 데리고 가는 일의 중요함을 잘 안다. 어린왕자는 양 한 마리와 자신의 세계가 어울릴 수 있는지 살피고 염려한다. 어린왕자의 별이 위험해지는 것은 하나의 세계가 위험해지는 것이다. 즉 그것은 하나의 별이 단순히 물리적으로 파괴되는 것이 아니다. 어린왕자의 별이라는 하나의 세계가 사라지는 것이다.

어린왕자의 질문과 염려가 특별한 것 같지만, 대부분 우리도 경험하는 일이다. 우리 삶의 영역 속에 어떤 물건이 들어오고 나가는 것은 중요하다. 새집으

로 이사한 후 새 가구를 배치하는 경우를 생각해 보라. 그것은 그동안 갖고 싶던 가구를 단순히 집안으로 옮기는 것이 아니다. 주인은 이미 가구가 놓일 적당한 자리를 배려하고, 새로운 가구가 기존의 다른 가구 및 집안의 분위기와 전체적으로 어울리는지를 고민한다. 하나의 세계 속으로 가구, 장식품 등을 들이는 것은 단순히 물리적인 위치 변경이나 이동이 아니라, 그 세계를 염려하는 어른의 관심을 반영한다.

인간이 세계와 관계하는 방식은 특별하다. 이러한 사실이 인간 존재를 특별하게 한다. 그것은 세계와의 관계를 떠나 존재하지 않는 인간만의 특성이다. 인간이 관계하는 세계가 어떤 의미인지 생각하면 그 관계의 특별함과 중요함을 잘 알 수 있다. 이처럼 인간은 항상 자신이 속한 세계에 관심을 갖고, 이해하고, 그 세계를 염려하는 존재이다.

★ 삶의 세계

세계란 무엇인가? 감각의 눈은 개별적인 사물을 보는 눈이다. 감각의 눈으로 세계를 보면, 세계는 그 속에서 사는 인간을 포함한 여러 사물의 집합체이다. 즉 여기 보이는 나무, 그 옆의 돌, 저기 흐르는 강물 등 이런저런 대상만이 보인다. 하지만 세계는 단순히 공간과 시간의 연속체, 그 속의 다양한 대상들의 집합이 아니다. 세계가 단지 개별 대상의 집합을 이르는 말이라면, 세계 이해는 곧 개별 사물에 대한 인식의 총합이다. 일반적으로 어른은 개별 사물들이 그 자체 독립적인 고유한 속성(본질)을 가진 개체라고 생각한다. 그 고유한 속성은 한 사물을 다른 사물과 구별 짓는 근거이다.

어른은 사물의 고유한 속성, 본질의 존재를 믿고, 그것을 중요한 학문의 대상으로 여긴다. 세계가 단지 사물의 집합이라면, 세계의 위기는 단순히 그 사물들의 훼손이나 파괴 정도일 뿐이다. 결국, 세계의 위기를 극복하는 방법은 훼손되거나 파괴된 것들을 다른 것으로 대체하거나 교환하는 것이다. 감각의 눈을 가진 어른은 지구상의 식물, 동물, 나아가 인간의 고유한 본성을 객관적으로 연구한다. 어른의 과학이 그러한 프로젝트를 수행한다. 그 결과 객관적인 지식의 체계는 쌓여 간다. 이런 연구는 세계를 떠난 사물, 세계 밖으로 인간을 격리해 그 자체를 연구하는 것이다.

세계는 오히려 그 속의 다양한 사물과 인간 존재에게 의미를 부여하는 근거이며 토대이다. 인간은 처음부터 세계(상황)를 떠나 존재할 수 없고, 세계 역시 인간의 이해 방식을 떠나 존재하지 않는다. 실존철학자들이 말하는 것처럼, 인간은 세계-내-존재, 상황-내-존재이다. 인간은 세계나 상황을 떠나 존재할 수 없다. 결국, 인간 이해는 자신의 얼굴인 세계 이해를 통해 가능하다.

우리가 신입생이 되어 대학교에 입학했다고 가정해 보자. 어른은 사물을 인식하는 경험적이고 물리적인 조건을 통해 '대학교'를 설명하려 한다. 즉 어떤 이는 건물이 몇 동인지, 부지가 몇 평인지 말한다. 또 어떤 이는 행정 직원과 교수 인원이 몇 명인지를 언급한다. 건물이나 부지, 구성원으로 만족하지 않는 어른은 그 대학의 차별화된 이념과 커리큘럼을 언급할 것이다.

대학교를 그런 물리적인 것이나 이념적인 것들로 환원하여 설명할 수 있을까. 달리 생각하면, 오히려 대학교라는 하나의 세계가 그런 개별적인 것(물리적이든 이념적이든)의 존재 의미를 부여한다. 대학교라는 세계 속에서, 강의실은 강의하는 공간이며, 도서관은 책을 빌리고 연구하는 공간이다. 학생들은 배움의 방식으로, 교수들은 가르침의 방식으로 자신의 대학교(세계)를 경험하고 이해한다. 또한, 교수는 가르침으로써 자기 존재를 확인함과 동시에 자신의 대학교(세계)를 개시한다. 학생과 행정직원도 역시 마찬가지이다.

이처럼 각 개인이 세계를 개시하고 이해하는 방식은 그때마다 그들 자신의 것이다. 인간은 세계를 드러내는 다양한 방식으로 존재한다. 나아가 대학의 구성원들은 각자 나름의 방식으로 대학교(세계)를 드러낸다. 비유하자면, 대학교는 하나의 〈세계〉이다. 세계는 그 세계 내 많은 물리적인 것, 이념적인 것, 인적인 요소로 환원되지 않는다. 오히려 세계는 그 많은 건물의 의미와 인적 자원이 존재하는 이유를 말해 준다. 세계는 바로 세계 내 인간 존재의 근거이다.

신입생은 이제 학문 세계에 첫발을 들인다. 그는 나름의 이해와 체험의 방식으로 학문 세계를 만나고, 그 속에서 자기 존재를 확인한다. 즉 대학교(세계)는 학생과 교수, 행정직원들에게 각기 다른 방식으로 드러나기에 하나의 얼굴만을 가진 것은 아니다. 한편으로는 한결같은 모습을 간직하고 있다. 특정 건물이나 시설물이 훼손되거나 파괴되어도, 혹은 새로 생겨나도 여전히 그 대학교(세계)이다. 그 속의 인적 구성원이 새로 들어오거나 나가도 여전히 그 세계이다. 즉 대학교(세계) 내 수많은 개별적인 건물이나 인적 구성원이 그 세계를 지시하며, 드러낸다.

이처럼 인간의 삶은 세계를 드러내며, 세계와 더불어 존재한다. 인간은 바로 세계를 마중하고, 어느덧 세계를 이해하며, 그 이해 방식에 따라 세계의 부름에 응답한다. 이 점에서 인간은 이미 세계-내-존재이며, 세계는 어떤 방식으로든 이미 이해된 세계이다. 그리고 인간은 다른 동물과는 전혀 다른 방식의 삶을 산다.

인간과 세계의 근원적 상관관계는 감각의 눈에는 보이지 않는다. 어른은 감각의 눈으로 세계를 경험하기 때문에, 감각적인 것 즉 개별적 사물이나 인간만을 본다. 어른은 학생들에게 자신들과 같은 방법으로 세계를 보기를 바란다. 즉 세계 내 특정 사물, 대상을 관찰하고, 실험하며, 나아가 그 탐구의 결과를 수학적 체계로 정리한다. 이러한 태도는 감각의 눈으로 세계를 보고, 그 보이는 것만을 연구하는 실증주의적인 사고의 당연한 결과이다.

어른은 자신들의 경험적이며 실증적인 연구 결과를 자랑스럽게 생각한다. 그리고 아이에게 그런 지식에 관심을 가지고 열심히 배우도록 한다. 어른은 아이들이 시험에서 몇 점을 받았는지, 몇 등을 했는지 등으로 학생의 능력을 평가한다. 어른은 아이에게 감각의 눈으로 세계를 보는 방법을 가르치고, 훈련시키고, 평가한다. 그 분야에서 뛰어난 재능을 지닌 아이들은 전문가가 되는 과정을 거치고, 어른의 태도를 확고하게 내화한다. 그는 곧 어른의 자랑스러운 얼굴이 된다. 무엇이 진정 중요할까.

어른은 그런 지식으로 아이들을 평가하고, 줄을 세우고, 결국은 실망시키고 좌절하게 한다. 그들은 그런 태도와 강요가 어떤 결과를 가져올지 잘 모르거나, 그것을 알아도 결과에 대해 무감각하고 무책임하다. 어른은 세계가 원래 그렇기 때문에 어쩔 수 없다는 식으로 세상을 탓한다. 그렇게 살고 말하는 것에 길들여진 사람, 그가 어른이다. 어른의 충고가 맘에 들지 않더라도, 여러분들은 어른을 이해해야 한다. 인간은 세계-내-존재이며, 세계와 관계 맺는 방식은 이해이다. 지금 우리에게 중요한 것은 그 관계 방식에 눈뜨는 것이다.

★ 염려와 규율

인간은 자신의 세계에 끊임없이 관심을 가지고, 염려하는 존재이다. 이 단순한 사실은 대단히 중요하다. 양은 작은 나무를 먹을 수 있는가? 어린왕자의 질문은 그가 자신의 세계에 얼마나 관심을 가지고 염려하는지 잘 보여 준다.

어린왕자가 사는 별에는 다른 별과 마찬가지로 좋은 풀과 나쁜 풀이 있다. 따라서 좋은 풀의 씨앗과 나쁜 풀의 씨앗이 있다. 하지만 그 씨앗은 눈에 잘 보이지 않는다. 그것들은 땅속 깊은 곳에 잠들어 있다가 어느 날 갑자기 잠에서 깨어나려 한다. 그러면 그것은 기지개를 켜고, 태양을 향해 귀엽고 작은 새싹을 내민다. 그것이 무나 장미의 싹이면 그대로 두어도 된다. 하지만 나쁜 식물의 싹이면 눈에 보이는 대로 뽑아야 한다.

바오밥나무! 우리는 이 나무에 대하여 다양한 관심을 가질 수 있다. 그 나무는 어떤 모양인지, 얼마나 오래 사는지 등의 관심 말이다. 어른의 관심은 그 나무에 대한 객관적인 정보나 지식을 모으는 것이다. 반면 어린왕자에게 그런 객관적인 정보나 지식은 중요하지 않다. 그 바오밥나무가 자신의 세계를 위험하

게 하는지 아닌지가 중요하다. 그것이 자신의 세계를 위협하는 나무라면, 그것
을 뽑아야 한다. 어린왕자는 자신의 세계가 얼마나 중요한지를 알기 때문에, 그
것에 항상 관심을 가지고 신경을 쓴다. 이런 어린왕자의 태도는 사소한 일을
방치하면 어떤 결과가 생기는지를 말해 준다.

인간의 삶은 항상 세계 내에서 세계와 더불어 이루어진다. 인간의 삶은 세계
를 떠나 존재하지 않는다. 인간의 삶은 세계 내에서 세계를 통하여 다른 인간
과 관계 맺는 과정이다. 이것은 인간의 삶에 있어 무엇이 중요한지를 말해 준

다. 인생을 살아가는 데 필요한 무엇보다 중요한 지식(앎)이 있다. 그것은 먼저 인간의 삶이 진정 어떤 것인지를 아는 것이며, 나아가 그렇게 살기 위해 무엇이 유익하고(좋고) 해로운지(나쁜)를 아는 것이다. 우리의 삶에 좋은 영향을 미치고 유익한 것(선)도 있고, 나쁜 영향을 미치고 해로운 것(악)도 있다. 더욱이 우리의 삶에 좋고 나쁜 것을 구별할 줄 아는 능력은 중요하다.

그것은 누구나 원하는 것이지만, 누구나 알 수 있는 것은 아니다. 특히 어른의 세계에 길들여진 사람들은 마치 최면에 걸린 것처럼 맹목적으로 행동한다. 우리의 삶에 무엇이 진정 좋고 나쁜가를 구별해야 한다. 이 능력은 우리가 알아야 할 가장 중요한 앎이다. 하지만 무엇이 진정 좋은지를 판단하기는 쉽지 않다.

인간의 얼굴인 세계는 중요하다. 인간은 자신이 발 딛고 살아가는 세계와 그 내부의 사물들과 도구들을 떠나 살 수 없다. 우리는 항상 자신의 세계에 신경을 쓰고, 관심을 가진다. 더욱이 어른은 사물과 도구들, 그리고 인간들만을 본다. 즉 우리는 끊임없이 이런저런 사물과 타인에 신경을 쓰고, 관심을 가진다. 우리의 학문 역시 마찬가지이다. 근대 이후 개별 과학은 세계 내 특정 존재 영역을 연구 대상으로, 그것을 객관적으로 관찰하고 실험하며, 나아가 확실하게 검증할 수 있는 이론과 법칙을 추구한다. 그 이론과 법칙이 자신들이 연구하는 대상 영역의 본질이라고 생각한다. 그것은 대상을 대상 그 자체로서 연구하는 태도이다. 그것은 그 사물이나 도구들의 토대인 세계를 망각한 것이며, 나아가 그것들과 인간의 관계를 망각한 것이다.

세계는 인간의 얼굴이다. 우리는 매일 아침 세수를 하고 거울을 본다. 마찬가지로 자신의 얼굴, 세계를 돌봐야 한다. 관심을 가져야 한다. 어린왕자의 별에는 무서운 씨앗들이 있다. 그 씨앗들은 어린왕자의 별을 위협한다. 어린왕자는 그 씨앗들이 대지 위로 얼굴을 내밀 때, 그것이 좋은 꽃의 씨앗인지 아닌지 항상 관심을 가지고 본다. 인간 역시 마찬가지이다. 인간은 자신의 얼굴, 세계에 무엇이 좋은지 나쁜지를 알아야 한다.

인간과 세계, 인간과 인간의 관계 방식은 중요한 의미를 지닌다. 인간은 세계 내에서 다양한 인간관계를 가지고 산다. 세계-내-존재들의 관계 역시 중요한 관심의 대상이다. 하지만 어떤 관계 방식이 좋은지 나쁜지를 가리는 것은 쉬운 일이 아니다. 예를 들어, 거짓말은 일상생활에서 타인과의 신뢰를 깨뜨리는 나쁜 일이다. 하지만 암에 걸린 환자에게 그 사실을 알려야 할까? 아니면 숨겨야 할까? 주먹으로 다른 사람을 때리는 것은 일반적으로 나쁜 일이다. 하지만 누군가가 강도를 당하고 있거나 폭행을 당하고 있다면, 그때 그를 구하기 위해 무력으로 개입하는 것은 잘못된 것일까?

이처럼 혼란스러운 일들이 우리 주변에 많다. 우리는 남을 위해 살아야 할까 아니면 자기 자신을 위해 살아야 할까? 이 세상에서 가장 중요한 것은 돈인가 아니면 우정과 사랑인가? 이런 문제 하나하나에 대해 정답을 제시하기는 어렵다. 하지만 우리가 어떤 해결책을 제시하든지, 그것은 옳다고 생각하는 것, 원하는 삶에 근거한 것일 수밖에 없다. 인간의 삶은 이미 정해진 톱니바퀴를 따라 돌아가는 것이 아니라, 바로 자신이 선택하고 결단하는 것이다.

인간의 삶은 이미 정해진 운명이나 숙명이 아니다. 설령 인간은 생물학적인 측면에서 동물이지만, 그 삶과 세계는 다른 동물과 다르다. 인간의 삶은 동물의 생존과는 달리, 열린 세계 속에서 일어나는 가능성이다. 이 말에 오해가 없기를 바란다. 어른은 간혹 선택과 결단, 자유라는 말을 오해한다. 그들은 이 말을 자기 마음대로, 자기 하고 싶은 대로 하는 것으로 생각한다. 하지만 열려 있다는 말은 우리가 어떤 상황에 놓여 있든지, 그 선택과 결단의 방향이 정해져 있지 않다는 뜻이다. 우리가 원하는 모든 것을 할 수 있다는 것은 사실이 아니지만, 이미 정해진 한 가지 일만을 할 수밖에 없다는 것 역시 사실이 아니다. 인간은 항상 최선을 다해 좋은 것을 선택하겠다는 자세를 가져야 한다. 인간은 열린 세계 속에 존재하며, 세계는 열린 인간 존재의 터전이라는 것을 기억해야만 한다.

★ 바오밥나무를 조심하라

어린왕자의 일상은 자신과 자신의 별을 살피고 염려하며 시작한다. 어린왕자는 말한다.

"그건 규율의 문제예요." 뒷날 어린왕자가 말했다. "아침에 몸단장을 한 후, 별을 정성 들여 가꾸어야 해요. 매일 규칙적으로 관심을 가지고 장미와 구별할 수 있을 때 즉시 바오밥나무를 뽑아야 해요. 바오밥나무가 아주 어릴 때는 장미와 잘 구분이 안 돼요. 그것은 귀찮지만 쉬운 일이에요."

그리고 하루는 나에게 우리 땅에 사는 아이들의 머릿속에 각인되도록 예쁜 그림을 하나 그려 보라고 한다. "아이들이 언젠가 여행을 할 때면, 도움이 될 수도 있을 거예요. 할 일을 미루는 것이 때로는 아무렇지도 않을 수 있어요. 하지만 바오밥나무를 내버려 두면 언제나 큰일이 날 수 있어요. 게으름뱅이가 사는 어떤 별을 아는데요. 그는 작은 나무 세 그루를 무심코 내버려 두었어요….”

바오밥나무 한 그루를 내버려 두는 것은 어쩌면 너무나 사소한 일이다. 어른은 관계함의 중요성을 모르기 때문에 바오밥나무에 신경을 쓰는 어린왕자를 이해하지 못한다. 어린왕자는 사소한 일이 얼마나 위험한 결과를 초래하는지를 안다. 그래서 작은 나무 세 그루를 내버려 둔 게으름뱅이가 사는 별을 이야기한다. “아이들이여! 바오밥나무를 조심하라.”

어린왕자가 자신의 별을 몸단장하는 것은 곧 자신의 세계와 관계하는 방식이며, 자신의 세계를 염려하는 방식이다. 예를 들어, 한 권의 책이 책상 위에 있거나 책장에 꽂혀 있다면, 그것은 너무나 당연히 있어야 할 곳에 있는 것이다. 하지만 그 책이 운동장 한가운데 놓여 있거나 길거리에 떨어져 있다면, 이렇게 물을 것이다. ‘저 책이 왜 저곳에 있지?’ 우리의 이런 질문은 그 책이 있어야 할 곳, 그 역할을 할 수 있는 세계를 가늠하기 때문이다. 그 질문에는 책의 의미와 책이 제 역할을 할 수 있는 세계를 염려하는 방식이 들어 있다. 그의 말대로, 그것은 쉬운 일이지만, 매일 같이 관심을 가지고 행해야 하는 ‘규율의 문제’이다.

인간은 동물과 전혀 다른 방식의 삶을 산다. 동물은 타고난 생태계 안에서, 타고난 생물학적인 프로그램에 따른다. 하지만 인간은 항상 자신의 세계를 마주하고, 그 속에서 세계를 개시하고, 자기 존재를 확인한다. 그것이 세계 내에서 살아가는 인간의 삶의 방식이다. 모든 인간이 삶의 조건에 눈뜨는 것은 아니다. 어른은 세계를 보지 않는다. 단지 세계 내에 존재하는 이런저런 사물과 식물, 동

물을 보고 관심을 가질 뿐이다. 인간은 서로 먹고 먹히는 먹이사슬의 구조에서, 모든 동식물을 먹어 치우는 왕으로 생각한다. 그것은 인간을 단순히 생물학적인 관점에서 바라본 것이다.

어른은 기술을 사용하여 생태계를 지배하는 제왕의 모습을 가진다. 그러한 그들의 태도는 세계와 관계하는 인간을 보지 못한다. 또한, 어른은 몸단장한다는 핑계로 자신의 삶을 어른 세계의 논리에 내맡기고 버려 둔다. 그리고 자신의 터전인 세계의 수많은 곳을 파헤치고 나아가 수많은 나쁜 풀을 심기도 한다. 어른은 그런 행동이 삶과 세계를 위협하는 나쁜 행동인지 모르는 경우도 많다. 나아가 스스로 나쁜 동물(생명체)이 되어 간다. 어쩌면 어른은 자신이 대단히 어리석은 존재라는 사실을 모른다. 그들은 수많은 나쁜 것(제품, 관계, 제도 등)을 만들어 내고, 그 속에서 만족하며 산다. 그것은 현재의 아이에게 결코 좋은 환경이 아니다. 어른의 세계는 너무 많은 위험 요인에 노출되어 있다. 인간은 동물이 아니다. 인간의 삶과 토대는 생태계가 아니라, 세계이다. 우리는 동물이 아닌 인간으로서, 생태계가 아닌 세계 내에서 산다. 오래전 그리스 델포이 신전에 쓰여 있던 격언을 기억하자.

"너 자신을 알라!"

해 지는 걸 보러 가

암울한 시대상

★ 다른 방식으로 세계 보기

어린왕자의 별과 지구별은 크기와 규모에서 비교되지 않는다. 어린왕자의 별에는 작은 화산 세 개와 언제 얼굴을 내밀지 모르는 씨앗들이 전부이다. 그 별은 작은 집 한 채 크기이며, 특별할 것 없는 세계이다. 별은 구석구석 어린왕자의 시선과 손길 아래 있다. 하지만 지구별은 어린왕자의 별을 압도한다. 어린왕자의 별과 지구별을 동일한 비율로 축소하여 비교한다면, 그 차이를 실감할 수 있을 것이다. 그러한 크기의 차이를 실제로 가정한다면, 그것은 우리가 전혀 다른 방식으로 세계를 볼 수 있음을 암시한다.

"나는 해 질 녘을 좋아해요. 해 지는 걸 보러 가요⋯."
"기다려야지⋯."
"뭘 기다려요?"

"해가 지길 기다려야지."

그는 처음에 많이 놀란 표정이었으나 곧 자기 말이 우스웠는지 웃음을 터뜨렸다. 그리고 나에게 말했다.

"아직도 내 별에 있는 것만 같아서!"

지구는 대단히 큰 행성이기에, 해 지는 것을 보기 위해서는 해가 지기를 기다려야 한다. 하지만 어린왕자의 별은 아주 작아서, 의자를 뒤로 몇 발짝 물리기만 하면 해 지는 것을 볼 수 있다. 그의 별은 시간의 제약 없이 언제나 원할 때면 석양을 볼 수 있다. 언젠가는 해가 지는 것을 마흔세 번이나 보았던 적이 있다고 말한다. 이처럼 어린왕자의 별은 매우 작고 보잘것없지만, 진정으로 자신이 원하는 것을 할 수 있다.

인간은 자유로운 존재이지만, 자신이 처한 상황 자체를 선택할 수 없다. 그 상황에 대처하는 하나의 방법만이 있는 것은 아니다. 우리는 그 상황 속에서 자신의 태도를 선택하고 결단하며 동시에 바로 그 상황의 의미를 결정한다. 어린왕자에게 자신의 별은 자신의 선택과 결단이 실현되는 장이다. 인간은 자신이 선택하고 결단한 존재 이외 다른 것이 아니다. 그러므로 우리는 자신이 선택하고 결단한 것을 통해 자신의 모습을 그려 볼 수 있다. 인간의 가능성은 온전히 그 세계 및 상황과 함께 열려 있는 것이다.

★ 어른의 닫힌 세계

어린왕자는 자기별의 주인이다. 그의 생활은 너무나 단조로운 삶의 연속이다. 여기서 어른이 상상할 수 있는 삶은 거의 없다. 어린왕자의 하루하루는 마치 세속을 떠난 절간 생활 같다. 그만큼 그의 삶은 단조롭고 쓸쓸하게 보인다. 어린왕자는 작은 화산 세 개에 신경을 쓰고, 어딘가에서 날려 온 꽃에 마음을 쓰며 자신만의 작은 세계를 연다. 그의 삶 역시 그 세계와 더불어 가능성으로 열려 있다.

지구별 어른의 세계는 어떤가? 어른의 세계는 그 규모와 크기를 가리지 않고 너무 많은 물건으로 장식되어 있다. 한 가족이 사는 집 안에는 몇 개의 물건들이 있을까. 부엌에는 과연 몇 개의 주방 시설과 기구들이 있는가! 거실에는 또 몇 개의 물건이 있으며, 안방과 아이들의 방은 또 어떤가! 집집마다 빠지지 않는 바보상자, 수많은 오락 시설, 다양한 스포츠 게임 등 너무나 많은 볼 것, 놀 것, 즐길 것이 넘쳐난다. 너무나도 많은 재미와 즐거움이 흘려 넘친다. 어른의 세계는 너무 많은 것으로 꽉 채워져 있다. 수많은 물건이나 제품이 누군가의 손길을 기다린다. 어른은 손길을 내밀어 그것과 관계하지 않는다. 그것은 우리를 유혹하고 우리는 그것을 소유하려 한다. 감각의 눈은 그 대상들에 끌리고 집착한다. 그것은 집착하는 삶이다. 집착의 강도가 커질수록, 대상을 소유하고 지배하고 싶어진다. 이제 어른은 자유로운 자기의 존재를 경험하기보다, 그 대상에 지배당하는 자기를 만난다. 이제 그는 삶의 주인이 아니라 노예이다. 노예는 주어진 삶을 살며, 자기 삶을 기획하지 못한다. 어른은 자기 삶을 기획하는 상상력이 빈곤하다. 그래서 재미와 즐거움을 선택하고 그것을 얻기 위해 노력한다.

지구별 어른의 세계 역시 그가 열어 낸 세계이다. 즉 어른의 선택과 결단으로 열어 낸 하나의 가능한 세계이다. 하지만 어른의 세계는 그 자체의 메커니즘으로 돌아가며, 우리의 손을 떠나 마치 자동 기계처럼 작동한다. 나아가 새로운 가능성을 상실한 폐쇄된 세계를 향해 달려가고 있다. 열린 세계의 문은 닫혀 가고, 그 세계를 여는 인간은 빛을 잃어 간다. 그것은 단순한 아쉬움 그 이상의 슬픈 현실이다.

★ 어른의 모방 능력과 갈등

어른의 세계는 집단적인 모방 능력을 바탕으로 형성된다. 인간은 단순한 집단이 아니라 사회를 형성하는 정치적인 존재이며, 나아가 다른 동물보다 더 우월한 존재이다. 즉 인간은 사회적·정치적 동물이다. 인간은 다른 동물과는 달리, 다양한 형태의 사회를 만들고, 그 안에서 태어나고 자라며, 살아가며 사회를 변화시킨다. 오늘날 인간은 이전과는 전혀 다른 새로운 시대의 새로운 사회 조직을 경험하며 살고 있다. 어린왕자가 여행하며 만나는 어른의 세계가 그것이다.

인간의 사회성은 어디에서 기인하는 것일까? 동물은 일차적으로 자연적으로 타고난 생물학적인 모방 능력을 갖추고 있다. 즉 동물은 생존에 필요한 행동 체계를 배우고 모방한다. 그런 모방 능력과 학습이 생존을 가능하게 한다. 인간 역시 마찬가지이다. 우리는 어릴 때부터 해야 할 것과 하지 말아야 할 것을 배우고, 그것을 반복하며 학습한다.

학습의 과정은 사실 모방의 과정이다. 이러한 과정은 사회화 과정에서 일어나는 자연스러운 일이다. 우리는 자연스럽게 주변 사람의 행동을 따라 하고, 말을 배우고, 욕망을 나누고, 가치를 공유한다. 이러한 모방을 통해 우리는 사회적 존재가 된다. 인간의 모방 능력은 인간의 사회성 혹은 공동체 생활의 중요한 가능 조건 가운데 하나이다.

우리는 모방을 통해 서로를 닮아 간다. 우리는 남이 가진 것을 가지려 하고, 남이 먹는 것을 먹으려 한다. 우리는 남이 즐기는 것을 즐기려 하고, 남이 되고 싶은 것을 되고 싶어 한다. 인간의 삶은 모방하는 삶이다. 사실 우리는 어른의 삶을 모방함으로써 어른이 되고, 그 세계를 모방함으로써 어른의 세계에 참여한다. 모방은 더불어 사는 삶을 가능하게 하지만, 다른 한편 수많은 갈등과 대립의 원인이 된다.

모방은 말한다. 다른 사람이 원하는 것을 너도 똑같이 원하라! 사람이 똑같은 것을 원하더라도, 그것이 나누어 가질 만큼 충분하다면, 문제가 되지 않는다. 하지만 사회에는 많은 사람이 원하지만, 몇몇 소수의 사람이나 혹은 단 한 사람만이 가질 수 있는 것도 있다. 대통령이 되는 것, 시험에서 1등 하는 것, 야구 시합에서 우승하는 것 등. 우리는 일반적으로 같은 가치와 목표, 지위와 직책을 열렬히 추구한다. 인간의 모방 능력은 그것을 향한 열정에 불을 지른다.

우리가 제한된 대상을 두고 경쟁할 때, 그것은 결국 파국을 맞는다. 남이 가진 것을 나도 가지고 싶다. 남은 가지고 있지만, 나는 가지고 있지 않다. 어떻게 하든지 가지고 싶다. 여기서 갈등이 시작된다. 인간을 사회적 인간으로 묶어 주었던 모방 능력이 갈등의 원인이 되고, 대립의 원인이 된다. 우리는 너무나 비슷해지려는 열망으로 너무나 사회적인 인간이 된다. 인간은 같은 인종, 같은 나라, 같은 지역, 같은 종교, 같은 피부, 같은 취미 등 같은 것을 가진 사람끼리 어울리며 애정을 나누고 애착을 가지며 서로를 판박이처럼 닮아 간다.

인간의 모방 능력은 결국 지나쳐 다른 인종, 다른 나라, 다른 지역, 다른 종교, 다른 피부, 다른 취미를 가진 사람을 적으로 간주하고, 그들을 경멸하거나 차별한다. 인간의 삶은 다양한 이해관계가 얽힌 삶의 연속이며, 그런 갈등 자체가 무조건 나쁜 것은 아니다. 다만 그 갈등이 제대로 조절되거나 통제되지 않으면, 권력이나 폭력 등의 부당한 방법이 갈등을 증폭시킨다. 개인과 개인, 집단과 집단, 국가와 국가의 갈등 역시 마찬가지이다.

★ 세계의 근간을 흔드는 전쟁

어른(조종사)은 자신의 고향을 떠나 다른 나라에 있다. 그는 조국 프랑스로 달려갈 수 없는 형편이다.

모두 알듯이 미국에서 대낮일 때 프랑스에는 해가 진다. 프랑스로 단숨에 달려간다면, 해가 지는 모습을 볼 수 있을 것이다. 그러나 불행히도 프랑스는 너무 멀리 떨어져 있다. 그러나 너의 조그만 별에서는 의자를 몇 발짝 뒤로 옮기면 되지. 그래서 원하면 언제든지 석양을 바라볼 수 있지. …

프랑스는 이웃 나라 독일의 침략으로 점령당했다. 제2차 세계대전! 인간이 인간을 향해 총을 겨누는 전쟁은 결국 인간을 서로 마주 볼 뿐, 관계할 수 없는 존재로 만든다. 전쟁은 인간의 삶을 서로 쫓고 쫓기는 동물의 약육강식의 논리가 지배한다. 그것은 단순한 참극이기 이전에 끊임없이 되풀이되는 문명의 비극이다. 하지만 자신이 돌아가야 할 고향 조국 프랑스가 있기에, 이국땅 미국에서도 그리워할 수 있다. 향수는 잊지 못할 그 무엇인가에 대한 욕망이다. 향수는 우리가 잊고 있는 것을 찾도록 하는 힘이다. 감각의 눈이 아니라 마음의 눈을 찾도록, 사물처럼 그저 마주 보는 삶이 아니라 관계하는 삶을 말이다. 돌아가야 할 곳이 있다는 것은 현재 그곳에 있지 않기에 슬픈 일이며, 동시에 그곳을 바라보며 걸어가야 하는 길이기에 희망이다.

"몹시 슬플 때는 해지는 풍경을 좋아하게 되지….."

인간은 항상 슬픔 속에서 희망을 본다. 돌아가야 할 곳이 있다는 것, 찾아야 할 것이 있다는 것!

양과 꽃의 전쟁

자기 곁의 어린 영혼을 보라

★ 양과 장미의 전쟁

다섯째 되는 날, 어른은 양에 대한 어린왕자의 고민을 통해 그의 비밀 하나를 엿볼 수 있게 된다. 그것은 어린 양과 장미의 공존 가능성에 관한 것이다.

"양이 작은 나무를 먹으면 꽃도 먹겠네요?"

"양은 닥치는 대로 먹지."

"가시가 있는 꽃도 먹을까요?"

"물론. 가시가 있는 꽃도 먹고말고."

"그러면 가시는 무슨 쓸모가 있죠?"

나 역시 그것을 몰랐다. 나는 그때 모터에 꽉 끼인 볼트를 빼내는 일에 몰두하고 있었다. 비행기의 고장이 아주 심각하게 보였고 먹을 물은 바닥을 보여, 최악의 상황을 당하지 않을까 무척 불안했다.

어른은 고장 난 비행기에서 볼트를 빼내는 일에 정신이 팔려, 어린왕자의 질문에 대수롭지 않은 듯 대답한다. 어른의 세계에서 장미는 모두 다 같은 장미이다. 장미는 보통 2~3미터이며, 꽃잎이 서로 어긋나게 모여 꽃망울을 피운다. 어른은 장미의 생물학적인 특징, 그런 지식을 좋아한다. 어른은 한 장미의 특별함을 볼 수 없고, 특별한 장미를 가져 본 적도 없다. 장미는 너무나 평범하여서 다른 장미로 대체할 수 있다. 다른 것으로 쉽게 대체될 수 있는 것은 소중한 가치를 지니지 않는다.

하지만 어린왕자의 별에 있는 장미는 소중한 존재이다. 어린왕자가 여행을 떠나기 전, 장미는 그의 말벗이었고 친구였다. 그래서 양을 자신의 별로 데려가는 것은 바오밥나무의 작은 싹을 먹어 치워 좋은 일이지만, 장미의 존재를 위협할 수 있다. 그것은 어린왕자에게 무엇보다 중요한 일이다. 양이 장미꽃을 먹어 버리면, 장미꽃은 세상에서 사라진다. 그것은 단순히 한 송이 장미가 사라지는 것이 아니다. 어린왕자가 관계하고 길들여 오며 보낸 자신의 삶을 확인해 줄 대상이 사라지는 것이다.

그 관계 내용과 시간을 제거하면, 그 장미는 다른 꽃과 다를 바 없다. 하지만 장미는 어린왕자의 삶의 구체성을 확인하는 소중한 대상이다. 즉 장미는 어린왕자의 과거를 떠올리는 기억이다. 달리 말하면 장미는 어린왕자의 기억을 지닌 존재이다. 기억이 없는 인간 삶을 생각해 본 적이 있는가! 인간이 자기 삶의 과거 기억을 상실하면 한 개인의 고유성을 잃어버린다. 결국, 자신의 장미를 보호하는 일은 곧 자기 삶의 고유성을 지키는 일이다.

반면에 어른은 장미의 가시가 자신의 몸을 지켜 줄 수 있는지에 관심이 없다. 그래서 어른은 어린왕자의 질문에 아무렇게나 대답해 버린다. 어른은 자기 일에만 정신이 팔려, 옆에 어떤 존재가 있는지, 그가 어떤 문제로 고민하는지 살피지 않는다. 그리고 그의 질문에 귀찮다는 듯이 습관적으로 대답한다. 어른은 그렇다.

나는 볼트에 너무 신경을 쓴 나머지 되는 대로 아무렇게나 답했다.
"가시는 아무런 쓸모가 없어. 꽃들이 괜히 심술을 부리는 거야."
"그런가요?"
그러나 잠시 말이 없던 어린왕자는 나에게 원망하는 투로 이렇게 말했다.
"그건 거짓말이야! 꽃들은 연약하고 순진하잖아. 꽃들은 자신들이 할 수 있는 방식으로 자신을 지키려는 거야."

양과 장미의 전쟁! 어른은 그런 것을 걱정하지 않는다. 어른은 양이 장미를 먹어 버릴 수 있다는 일에는 관심이 없다. 더욱이 어른이 그려 준 양이 그저 그림일 뿐이라고 생각하면 너무나 당연하다. 그림 속의 양이 장미를 먹어 버릴 일은 없기 때문이다. 어른은 그 장미가 사라져도 다른 장미로 대체할 수 있으리라고 생각한다. 이처럼 어른은 그런 일은 남의 일이라고 되는대로 말해 버리거나 기존에 자신이 하던 일에 몰두할 뿐이다.

인간의 삶은 관계의 삶이다. 그 관계의 대상이 사물이든 인간이든, 관계함의 과정 혹은 관계의 시간을 지닌다. 인간은 그런 관계를 통해 자기 자신으로 되어 가는 존재이다. 결국, 관계의 대상은 우리가 바로 자기 삶을 보게 하는 거울이다. 그것을 보호하고 지키는 일은 바로 우리 삶을 지키는 일이다. 하지만 관계를 보지 못하는 어른에게 사물은 단지 하나의 사물일 뿐이며, 인간 역시 단지 하나의 인간일 뿐이다.

어린왕자는 화가 나서 얼굴이 하얗게 질렸다. 한 송이 장미의 소중함을 모르는 어른의 말에 어린왕자는 항변하듯이 말한다.

"수백만 년 전부터 꽃들은 가시를 가지고 있어요. 양도 수백만 년 전부터 꽃을 먹어 왔고요. 그런데도 꽃들이 아무런 쓸모도 없는 가시를 가지고 있는 이유를 알려는 것이 중요하지 않다는 거예요? 양과 꽃들의 전쟁이 중요하지 않다는 거예요? 그것은 붉은 얼굴의 뚱뚱한 신사가 하는 계산보다 더 중요하지 않다는 거예요?"

★ 소중한 것을 보호하라

어린왕자에게 있어서 한 송이 꽃이 사라지는 일은 중요한 일이다. 하지만 어른은 자신들의 습관적인 대답이나 태도, 행동이 어떤 결과를 가져올지 모른다. 모든 어른이 그런 것은 아니지만, 어른은 무엇이 '소중한 존재'인지 잘 모르거나, 알아도 그 대상을 배려하고 사랑하는 것에 서툴다. 어른은 아직 소중한 존재를 가져 보지 못했거나, 그 존재로 말미암아 이 세계가 얼마나 아름다울 수 있는지 모른다.

"수백만 개의 별 가운데 단 하나밖에 없는 꽃을 사랑하는 사람은 저 별들을 바라보는 것만으로도 행복할 수 있어요. 마음속으로 '내 꽃이 저기 어딘가에 있겠지 …' 하고 생각하거든요. 하지만 양이 그 꽃을 먹어 버리면 그에게는 갑자기 모든 별이 사라지는 거예요! 그런데도 그게 중요하지 않다는 말인가요?"

어린왕자는 장미의 관심에 부응하고 화답하며, 관계하고 길들여 왔다. 장미는 어린왕자가 자신의 삶을 확인하는 구체적인 대상이며, 소중한 존재이다. 그래서 장미는 보호받아야 할 소중한 존재이며 관심의 대상이다. 주변을 둘러보라. 각자 자신의 삶을 떠올리는 소중한 존재, 관심의 대상들이 있을 것이다. 그것이 우리의 시야에서 사라진다면, 그 대상을 통해 떠올릴 우리의 삶의 한 자락도 같이 사라진다. 그래서 우리가 발 딛고 있는 자신의 세계를 지키는 일은 중요한 일이다.

우리가 신앙인이라고 가정해 보자. 그 신앙을 어떻게 확인하는가? 그 신앙을 어떻게 보여 줄 수 있는가? 우리는 각자 자신의 신앙을 위해 마련한 공간(사찰, 교회, 성당)에서 신앙 행위를 함으로써, 각자의 신앙을 확인한다. 신앙인의 믿음은 다름 아닌 신앙의 공간에서 신앙의 행위를 할 때 확인되며 이루어진다. 바로 그 사실 때문에, 신앙의 공간은 단순한 공간이 아니라 성스러운 장소이다. 그곳은 다른 공간과는 구분되는 특별한 의미를 지닌다. 그곳을 성스러운 장소라고 믿기 때문에, 보호하고 지켜야 한다.

성스러움은 신앙인이 그 장소에서 보낸 시간과 관계에서 생겨난다. 그래서 때로는 그곳을 지키기 위해 목숨을 걸지 않는가! 하루아침에 신앙의 공간인 사

찰, 교회, 성당이 파괴되고 훼손되는 것을 상상해 보라. 더는 자신의 신앙을 확인할 공간이 없어진다는 것은 곧 신앙과 믿음의 파괴이다. 이처럼 한 공간의 파괴와 훼손은 단순한 물리적인 건물이나 시설을 없애는 것 이상의 의미를 지닌다.

신앙과 믿음은 성스러운 장소에서 성스러운 신앙 행위를 통해 구축된다. 신앙의 삶과 신앙인으로서의 자기 모습은 바로 그 신앙의 세계를 떠나 이해될 수 없다. 우리가 진정 신앙인이라면, 자신의 신앙이 묻어나는 공간을 훼손하지 않고 자신의 신앙 행위를 더럽히지 않을 것이다.

이제 우리가 대학에 입학한 신입생이라고 가정해 보자. 대학생으로서의 자신의 모습을 어디서 어떻게 확인할 것인가? 대학이 일차적으로 학문하는 세계라면, 구성원은 그 세계의 기본적인 부름에 맞게 자신들의 공간을 가꾸고 지켜야 한다. 인간은 그 세계의 부름에 화답하여 그 세계 내 많은 시설물을 돌보며 공간을 가꾸고, 그 속에 자기 삶을 뿌리 내린다. 인간이 하나의 세계 속에 삶을 뿌리 내리는 것은 그 세계가 요구하는 다양한 창의적인 활동을 하는 것이다. 그것이 항상 자신의 세계와 공간을 배려하며 살아가는 인간의 삶이며, 나아가 그 자신의 삶을 지키는 것이다.

만약 도서관이나 강의실에서 술판을 벌이거나 춤판을 펼친다면, 그 도서관과 강의실의 본래 의미가 훼손당하고 그 공간의 의미를 부정하는 것이다. 물론 우리는 한 공간의 본래 의미에 발 딛고, 새로운 가능성을 열어 낼 수 있다. 대학생의 삶은 항상 대학이라는 세계 내에서 이루어지고, 그의 삶이 곧 세계에 대한 이해이다. 우리는 항상 자신의 세계와 공간을 배려하는 법을 배우고, 그 속에서 타인과 더불어 변화하고 성숙하는 방법을 배워야 한다. 인간은 항상 세계-내-존재로서 살아가며, 그 세계를 떠난 자기 존재를 생각할 수 없다. 인간의 삶은 항상 세계 내에서 이루어지는 배움의 삶이다.

★ 자기 곁의 어린 영혼을 보라

어른은 자기 곁의 어린 영혼을 보지 않는다. 어른은 비행기가 고장 나서 사막에 불시착했을 때, 그의 시선은 온통 고장 난 비행기와 그것을 수리할 도구로 향한다. 비행기 모터의 볼트를 돌리거나 조이는 일에 몰두한다. 특히 가진 물의 양이 줄어들수록 어른의 조바심은 불안에 휩싸인다. 어른은 자신의 옆에 어린 영혼이 있다는 사실조차 망각하고, 그 영혼이 어떤 문제로 고민하는지 귀 기울여 들을 여유조차 없다. 그들의 삶은 온통 생존에 초점이 맞추어져 있다. 생존이 유일한 지상의 과제라면, 생존 그 이상의 의미와 가치를 고민하는 것은 사치이다.

현실의 우리가 살아가는 데 중요한 것은 무엇일까? 이 문제에 대해 어른은 마치 정답을 알고 있는 것처럼 행동하고, 아이에게 충고까지 서슴지 않는다. 그런 어른의 말을 무조건 믿어서는 안 된다. 어른은 눈앞의 당장 급한 일에 빠져, 그 일에만 시간을 보내는 경향이 있기 때문이다. 특히 생명이 위협받거나 위기의 순간, 어른은 생존을 위해 습관적으로 행동하는 경향을 보인다. 그러한 어른이 문득 고개를 들고 자신의 곁에 한 어린 영혼이 있다는 사실에 주목하기 시작한다.

어린왕자는 더는 말을 잇지 못했다. 그는 갑자기 흐느껴 울었다. 어둠이 내린 뒤였다. 나는 손에서 공구를 내려놓았다. 망치도, 볼트도, 목마름도, 죽음도. 이제 모두 대단치 않게 여겨졌다. 어느 별, 어느 떠돌이별 위에, 나의 별, 이 지구 위에 위로해야 할 어린왕자가 있는 것이다!

단순히 생존하는 것보다 중요한 일은 많다. 어른도 그런 사실을 잘 안다. 비행기 사고로 사막에 불시착했지만, 비행기를 수리하는 일보다, 며칠 남지 않은 물보다, 죽음조차 우습게 만드는 그런 것 말이다. 그것은 지구별의 사막에 자신이 위로해야 할 어린왕자가 있다는 사실을 자각하는 것이며, 그 존재에 눈뜨는 것이다.

인간은 자연적인 존재로 태어나지만, 인간적인 존재로 되어 가는 존재이다. 다른 동물처럼 자연적인 존재로 태어나 자연적인 생을 추구하며 살고, 마침내 그 생을 마감하는 존재가 아니다. 인간은 그 이상의 존재이다. 자연적 생의 유지 혹은 생존이 인간 삶의 유일한 목적도 가치도 아니다. 인간은 더욱더 가치 있다고 여기는 것을 위해 자신의 생명을 희생하는 존재이다. 이러한 가능성이 바로 인간적 삶의 지평을 보여 준다. 이 말은 자신의 생명을 대수롭지 않게 여기라는 것은 아니다. 인간 삶의 유일한 목적이 생존으로 이해되어서는 안 된다는 뜻이다. 나아가 생존을 위한 삶이 인간이 추구할 다른 가치를 압도하거나 폄하해서도 안 된다.

여러분의 곁에 있는 존재는 누구인가? 선생은 학생과 더불어 수업을 하고 있을 것이다. 기업의 사장은 여러 직원과 일하고 있을 것이다. 여러분이 누군가의 친구라면, 당신 곁에는 친구들이 있을 것이다. 우리는 사회생활을 하며 각자 자신의 지위에 맞는 역할을 수행한다. 그러한 역할 수행의 필요성을 누구도 의심하지 않는다. 즉 사회라는 큰 무대 위에서 각자 그때그때 다양한 역할을 연기한다. 우리는 타인과의 관계에서 그때그때 누군가의 남편이나 아내, 누군가의 아버지나 아들, 누군가의 상사이자 부하이다.

어른은 무대 위에서 연기하는 인물에 몰입한다. 그는 자기 자신을 보지 못하고, 상대방을 보지 못한다. 우리는 같은 한 사람의 배우, 즉 인간이다. 다양한 관계를 통해 다양한 역할을 연기하며 살아가는 존재이다. 어른은 무대 위 자신의 역할에 심취하여, 상대방이 같은 인간임을 보지 못한다. 하지만 적어도 우리는 자신이 마주하는 사람이 우리와 같은 존재임을 간과해서는 안 된다. 우리는 한 인간의 시선을 외면해서는 안 된다.

꽃과의 갈등

결핍과 길의 존재

★ 인간의 삶 : 마음과 마음 씀

어린왕자의 별에는 소박한 한 송이 꽃이 있다. 그 꽃은 어딘지 모를 곳에서 씨앗의 상태로 날아와 어느 날 싹을 틔웠다. 어린왕자는 그 싹을 주의 깊게 살폈다.

그 작은 나무는 성장을 멈추고 꽃을 피울 준비를 했다. 어린왕자는 커다란 꽃망울이 맺히는 것을 지켜보며 어떤 기적 같은 일이 일어나리라고 예상했다.

그러나 꽃은 연녹색 꽃망울의 상태로 한동안 아름다워질 준비만 했다. 꽃은 꼼꼼하게 빛깔을 고르고 있었다. 천천히 옷을 입고 꽃잎을 하나둘씩 다듬었다. … 그 꽃의 신비로운 몸단장은 며칠째 계속되었다. 그러던 어느 날 아침, 바로 해가 떠오를 때 자신의 모습을 드러냈다.

우리는 자신을 타인에게 어떻게 드러내는가? 인간은 마음이다. 마음은 그 자체로 자신을 드러내지 못한다. 즉 우리는 타인에게 '사랑하는 마음', '감사하는 마음', '괴로워하는 마음' 자체를 전할 수 없다. 우리의 마음과 관심은 감각의 눈에는 보이지 않는다. 마음은 자신을 드러내는 구체적인 매개를 통한 드러난다.

우리는 호감이 가는 누군가에게 말을 건네거나 눈길을 보낸다. 혹은 자신의 진심을 담은 편지글에 마음을 실어 보내기도 하고, 선물로 대신하기도 한다. 조금 용기 있는 사람이라면, 처음부터 데이트 신청을 할 수도 있을 것이다. 이런 구체적인 방법을 통해서만이 자신의 마음을 드러낼 수 있지만, 이런 방법이 마음 자체는 아니다. 우리의 삶은 끊임없이 마음을 사용하는 삶이지만, 마음을 드러내는 구체적인 방법(몸을 통한 방법)을 떠나 마음 그 자체를 내보일 수 없다.

마음은 곧 마음의 씀이며, 마음을 쓰는 언제나, 어느 곳이나 바로 거기에 마음이 있다. 마음은 마음 씀을 통해 자신을 확인하는 자기 관계이다. 인간은 이러한 자기 관계로 말미암아 자신을 반성할 수 있고 사고할 수 있다. 인간 존재는 그 자체가 관계의 방식으로 존재할 수밖에 없으며, 관계를 전제로 한다.

또한, 마음의 씀은 몸의 방식으로 자신을 드러냄, 즉 눈으로 보거나 귀로 듣거나 손으로 만지고 몸으로 느끼는 것이다. 결국, 마음은 몸을 통해 자신을 드러내고, 몸의 쓰임에는 항상 마음이 담겨 있다. 이렇게 인간의 삶은 마음이 담긴 몸의 삶이며, 몸으로 드러나는 마음의 삶이다. 마음은 항상 몸의 방식으로 구체화하여 드러나며, 모든 몸의 활동에는 언제나 어디서나 마음이 자리하고 있다.

이처럼 몸의 방식을 통해 살아가는 인간은 아직 완결되지 않는 존재이며, 무엇으로 규정되거나 마무리될 수 없는 존재이다. 인간은 나무나 토끼와는 다른 존재 방식을 지닌다. 나무나 토끼는 그것들이 있는 그대로 존재할 뿐이다. 하지만 인간은 있는 그대로의 존재가 아니라, 되어 가는 과정의 존재이며 미래를 향해 열린 존재이다. 결국, 인간은 어느 한순간도 같을 수 없으며, 그 자신의 존재를 성취할 수 없다. 인간의 삶은 이처럼 시간적 삶이다. 여기서 우리는 인간 존재의 이중성 혹은 역설을 경험한다. 인간의 이중성은 '마음의 존재와 몸의 방식'을 말하며, 그 역설은 인간 존재가 곧 마음인 동시에 몸인 존재를 뜻한다. 인간 존재의 이중성과 역설은 어느 한쪽으로 완전하게 환원될 수 없는 존재와 사유의 순환관계이다.

★ 모순된 존재와 갈등

어린왕자는 자기별의 한 송이 꽃과 갈등을 겪는다. 어린왕자는 그 꽃이 자신에게 하는 말 그 자체만을 듣고, 겸손하지도 않고, 허영심이 많으며, 까다롭고 거짓말쟁이라고 생각한다. 나아가 자신이 불행해졌다고 여긴다. 어린왕자는 귀로 들리는 꽃의 말에만 주목할 뿐, 진정으로 말하려는 것을 보지 못했다. 말은 마음 씀의 한 방법이지만 마음 그 자체일 수 없다. 눈에 보이는 것, 귀로 들리는 것이 전부는 아니다. 어린왕자는 그때는 아직 그 사실을 알지 못했다. 꽃이 그에게 이야기하려는 것이 자신의 관심을 드러내는 방식이라는 것을!

"저녁에는 나에게 유리덮개를 씌워 주세요. 당신의 별은 너무 추워요. 시설도 좋지 않고요. 내가 살던 곳은….''

그러나 꽃은 말을 잇지 못했다. 그 꽃은 씨앗의 형태로 날려 왔다. 당연히 다른 세상을 알 리가 없었다. 그 꽃은 그처럼 뻔한 거짓말을 하려다 들킨 것이 부끄러웠다. 그는 어린왕자를 탓하기 위해 기침을 두어 번 했다.

"바람막이는요? …"

"막 찾아보려 했는데, 당신이 계속 말을 했잖아요!"

그러자 그 꽃은 어린왕자가 가책을 느끼도록 더 심하게 기침을 했다.

인간은 이중적인 존재, 어쩌면 대단히 모순적인 존재이다. 인간은 마음과 마음 씀, 마음과 몸, 사유와 행위, 초월과 내재, 당위와 존재 등 짝 말을 통해 해명되는 존재이다. 인간은 이들 이중성의 변주곡이며, 모순성이 빚어내는 비극과 희극이 교차하는 존재이다. 그 변주곡이 균형과 조화 속에 아름다운 화음을 만들기도 한다. 인간의 이중성이 극명하게 드러나는 요소 가운데 하나가 언어(말)이다. 말은 그 자체 인간의 말, 마음의 말이지만, 다른 한편 그 자체 인간의 해석이며, 마음의 관점이다. 말은 간혹 이중성의 균형을 깨고, 그사이에 갈등을 낳는다. 인간에게 있어 서로의 마음을 나누는 매체인 언어가 곧 갈등과 좌절의 원인이 되기도 한다.

예를 들어, 아이가 엄마의 귀한 물건을 가지고 놀다가 땅에 떨어뜨렸다. 엄마는 '누가 그랬어?'라고 큰소리로 따진다. 아이는 그 소리에 놀라며, '엄마! 내

가 안 그랬어!'라며 말한다. 우리가 눈으로 드러나는 표현에만 주목하면, 그 아이는 거짓말을 한 것이다. 감각의 눈으로 세상을 보는 엄마는 그 아이가 거짓말을 한다며 다그치거나 혼을 냈을 것이다. 하지만 아이는 너무나 뻔한 곧 들통날 거짓말을 왜 했을까? 아이를 조금이라도 이해하는 엄마는 아이의 말이 "잘못했어요. 무서워요. 용서해 주세요"라는 뜻임을 알았을 텐데 말이다.

인간의 세계는 감각의 눈으로 보이는 것이 전부가 아니다. 그러나 감각의 눈으로 세상을 보는 어른은 눈에 보이는 것만을 볼 수밖에 없다. 어른은 자신도 대단히 모순된 존재임을 알지 못한다. 어른은 다른 사람과 관계하고, 그들을 이해하며, 사랑한다는 것이 무엇인지에 대해 무지하다. 어른은 어쩌면 인생에서 가장 중요한 것을 찾고 배우려 하지 않는다. 그들은 영어, 과학, 수학에 대해 많은 것을 배웠기 때문에 스스로 대단히 유식한 존재라고 착각한다. 그래서 어른은 새로운 눈을 얻으려 하지 않는다. 새로운 눈을 얻으려 하지 않는 어른이 볼 수 있는 세계는 자신의 눈에 보이는 것뿐이다.

우리가 누군가의 친구가 되고, 우정을 나누는 것은 관계의 방식을 이해하고 학습하는 것이다. 인간은 자신이 이해할 수 있는 우정의 방식으로 우정을 나누며, 그 시간을 통해 우정을 이해할 수밖에 없다. 인간은 이해의 방법으로 삶을 배우고, 그 과정을 통해 성장한다. 삶과 이해의 매개는 언어(말)이다. 우리는 언어를 통하여 사람을 만나고, 삶을 나눈다. 우리가 누군가와 만나고 삶을 나누는 과정은 항상 수많은 갈등과 불화, 좌절과 실패의 길이다. 인생은 간혹 원하지

않는 결말로 막을 내리곤 한다. 하지만 그 길은 아름답다. 그 길의 끝에는 항상 자각과 깨달음이 기다리고 있다. 어린왕자는 장미와의 갈등으로 상처받은 영혼의 모습으로 여행을 떠난다. 하지만 그는 상처받지 않은 영혼의 모습으로, 장미의 본래 모습을 볼 수 있다. 인간의 삶은 갈등과 불화를 통한 자각과 깨달음의 여행이다.

어린왕자와 장미의 갈등은 하나의 문제 상황이며, 결핍에 대한 자각이다. 그것은 어린왕자가 장미와 관계하는 방식의 미숙함, 이해의 결핍을 뜻한다. 그는 처음에 장미가 모순적인 존재일 수 있다는 사실을 알지 못했다. 그는 이제 상대방을 이해하고, 관계하며, 무엇이 중요한지를 안다. 여행을 통해 마음의 눈으로 사물을 보는 법을 배웠기에 뒤늦게나마 그 사실을 알게 된다. 어린왕자는 다음과 같이 말한다.

"꽃의 말에 귀를 기울이지 말아야 했어요. 꽃의 말에는 절대로 귀를 기울이면 안 돼. 꽃은 바라보고 향기를 맡기만 해야지. 그 꽃은 나의 별을 향기로 뒤덮었지. 그런데도 나는 그것을 즐길 줄 몰랐어…."

그는 또 이렇게 말했다.

"나는 그때 아무것도 이해할 줄 몰랐어요. 그 꽃의 말이 아니라 행동을 보고 판단해야 했는데. 그 꽃은 나에게 향기를 주었고 내 마음을 환하게 해 주었어요. 절대 떠나지 말아야 했는데! 그의 말 뒤에 숨은 애정을 눈치챘어야 했는데. 꽃들은 그처럼 모순된 존재야! 하지만 나는 너무 어려서 그를 사랑할 줄 몰랐던 거예요."

　어린왕자는 이제 장미꽃의 마음 씀에 어떻게 응하고 화답해야 하는지, 어떻게 관계해야 하는지를 안다. 우리는 처음부터 주변의 상대방과 올바르게 관계하는 것은 아니다. 올바른 관계를 위해서는 상대방을 알아야 한다. 올바른 앎이 필요하다. 그 앎이 전제되지 않는 일방적인 관계는 자기중심적인 관계 맺음이다. 그것은 상대방과의 상호 인정에 근거하지 않는 폭력의 방식이다.

　올바른 관계는 올바른 앎을 전제로 한다. 하지만 문제는 처음부터 올바른 앎을 가질 수 없다는 것이며, 관계 맺는 과정을 통해 얻을 수밖에 없다. 인생은 그 말에서처럼 그때그때 새로운 상황에서 새로운 사람들과 관계하는 과정이기 때문이다. 여기서 더욱 중요한 것은 우리의 태도이다. 진정으로 자신의 삶을 이해하듯이, 타인의 존재와 그 관계를 이해하려고 노력해야 한다는 것이다.

　우리는 우리 곁의 소중한 존재를 이해하고, 사랑하는 법을 배워야 한다. 이것이 인생을 이해하는 사람들에게 가장 필요한 앎이며, 가장 중요한 일이다. 이것은 산수나 문법, 과학과 같은 지식보다 중요하다. 그것이 삶을 더 아름답게 풍요롭게 만들어 준다. 하지만 이러한 배움은 책 속의 화석화된 지식의 습득이 아니다. 애절한 사랑의 슬픔을 다룬 책 100권을 읽어도, 그 애절한 사랑이 자신의 삶이 되지 않는다. 그런 사랑은 추상이다. 오히려 우리 곁의 누군가를 진정 사랑하며, 그 속에서 기쁨에 함께 웃고, 슬픔에 눈물짓고 좌절하는 것, 그것이 삶이다. 삶은 이렇게 관계 속에서 관계를 통하여 살며, 그 과정을 통해 이해하고 성숙하고 변화한다. 우리는 이런 관계 속에서, 관계를 통하여, 우리 자신이 원하는 인간이 되는 것이다. 이렇게 인간은 항상 어떤 인간으로 되어 감의 여행을 한다.

★ 결핍과 길의 존재, 에로스

인간은 자신의 삶을 통해 자신을 이해한다. 그것이 인간의 삶이다. 인간의 삶은 마음의 마음 씀이다. 마음은 마음 씀을 통하지 않고 자신을 볼 수 없다. 따라서 인간의 삶은 끊임없이 자신의 삶을 드러내며 자신을 발견하는 과정이며, 그 과정을 통해 자신의 삶을 이해할 수밖에 없다. 인간은 살아가면서 자신을 아는 것이기 때문에, 삶의 과정에는 항상 몸의 삶에서 비롯되는 실패와 좌절, 방황과 번뇌가 따른다. 그리고 그 실패와 좌절, 방황과 번뇌를 통하지 않고, 자신의 삶을 이해할 길은 없다. 인간의 삶은 곧 이해이며, 이해의 삶이다.

우리가 인생을 이해한다는 것은 그 스스로 삶을 살아 내는 것이며, 그 과정에서 자신을 이해하는 것이다. 결국, 삶의 이해는 이미 객관화된 지식의 축적일 수 없다. 인생은 끊임없이 삶의 과정을 통해 자신을 알아 가는 과정, 즉 그 자체 끊임없는 변화이며 길이다. 인간은 삶의 과정에서 끊임없이 결핍과 빈곤의 상황을 겪으며, 한편으로 그 상황을 이해함으로써 그 상황 밖으로 초월한다. 인간은 한 상황 속의 자기 존재를 버림으로써, 새로운 자기 삶을 구축할 수 있다. 인간의 삶은 한 상황에 잠시 머무는 것이며, 한 상황을 떠남이다. 인간은 하나의 상황 속에 있을 수밖에 없으며, 동시에 끊임없이 그 상황을 떠나야 하는 존재이다. 인간은 한 삶에 파묻혀 있으며, 또 그 삶을 초월해야 하는 존재이다. 이처럼 인간의 삶은 곧 하나의 여정이며, 나그네의 삶이다.

나그네의 삶을 살 수밖에 없는 인간 존재의 모습은 에로스를 닮았다. 플라톤은 『향연』에서 에로스의 출생에 대하여 다음과 같은 이야기를 들려준다. 한 여신이 있었으니, 그녀의 이름은 페니아(Penia)이다. 그녀는 빈곤, 결핍을 뜻한다. 그녀는 신들의 향연에서 주목받지 못하고 버림받은 불청객이었으며, 다른 신들과 교제하기를 바라지만 이루지 못하는 불쌍한 여자, 결핍의 여자이다. 하지만 그녀가 마음으로 사모하고 있는 신이 있었으니 포로스(Porus)이다. 포로스는 메티스(Metis)의 아들이다. 그는 태초의 어두운 바다를 밝혀 주고, 태양을 향해 안내하는 저 하늘과 바다의 〈길〉이며, 충족과 완성의 남신(男神)이다. 페니아는 신들의 축제에 끼지 못한 여인이었지만, 술에 취해 잠든 포로스와 하룻밤 만리장성을 쌓고, 그 후 에로스를 낳았다.

에로스는 부모의 대조적이며 보충적인 두 특성을 동시에 물려받았다. 어머니에게서 빈곤과 결핍의 특성을 물려받았고, 아버지에게서 충족과 완성을 향한 길의 특성을 물려받았다. 에로스의 출생에는 결핍과 길이라는 비밀이 숨어 있다. 에로스는 결핍의 존재이며, 동시에 충족을 향해 길을 가는 존재이다. 에로스는 인간 존재를 상징한다. 인간은 완성된 존재로 태어나는 것이 아니다. 그러므로 인간은 완성된 삶을 가질 수 없는 결핍된 삶을 산다. 하지만 길은 결핍을 자각하는 주체인 인간이 자신의 능력으로, 자신의 깨달음으로 열어 내는 삶이기도 하다. 이런 삶의 본질을 지닌 에로스를 우리는 중간자라고 부른다. 그는 동물도 아니며, 그렇다고 신도 아니다. 그는 동물과 신 사이에 존재하며, 그 사이 여백에 자기 삶의 흔적을 남긴다. 인간 삶은 중간자인 에로스를 닮았다. 인간은 지상에서 영원을 꿈꾸는 존재이다. 인간의 삶은 곧 길 위의 삶이다. 아니, 길 그 자체는 아닐까!

꽃과의 이별

어린왕자의 여행

★ 여행이란?

　　어린왕자는 꽃이 겸손하지 않고, 허영심 많고, 너무 뻔한 거짓말을 하는 존재라고 생각한다. 그는 꽃과 지내야 하는 자신이 불행해졌다고 여긴다. 꽃과의 불화(갈등)는 자신의 별을 떠나 여행을 하게 되는 하나의 계기가 되었다.

　여행을 떠나는 날 아침, 어린왕자는 자신의 별을 잘 정돈한다. 불을 뿜는 화산을 정성 들여 청소했다. …

　어린왕자는 좀 서글픈 마음으로 바오밥나무의 마지막 싹들도 뽑았다. 그는 다시는 돌아오지 못하리라 생각했다. 그런데 친숙한 그 모든 일이 그날 아침에는 유난히 정답게 느껴졌다.

어린왕자에게 여행은 어떤 의미일까? 인간의 삶은 과정을 통해 삶을 이해하는 여정이다. 인간은 부단히 몸의 방식으로 살아가며, 몸의 방식을 통해 자신을 이해한다. 즉 인간은 부단히 마음으로 태어나고, 그 태어남을 통해 자기를 자각하고 확인한다. 인간의 삶은 끊임없이 이러한 태어남의 과정을 통해 자기를 찾는 자아여행이다. 어린왕자의 여행은 곧 우리 인간의 운명이다.

우리 삶의 무대는 일상성의 세계이다. 여행 이전의 우리 삶은 그렇다. 그 일상은 누구나 의심하지 않는 삶이며, 확실한 세계이다. 이 세계는 그저 하루하루를 살아가는 세계이며, 우리에게 이미 주어진 세계이다. 우리는 먼저 자신에게 주어진 세계에서 주어진 삶을 살며, 그 삶을 문제 삼지 않는다. 하지만 일상성의 세계는 끊임없이 문제 상황을 일으키며, 갈등과 좌절을 경험하는 세계이다. 이 갈등과 좌절은 우리의 세계와 삶을 끊임없이 문제로 받아들이게 한다. 일상성의 세계는 현실의 긍정으로 채워진 세계만은 아니다.

이런 의미에서 어린왕자의 여행은 현실에서의 일탈이며 탈출이다. 그는 자신의 별을 떠나 전혀 새로운 별로 여행을 떠난다. 그것으로 자신의 일상에서 벗어나고자 한다. 이 일탈과 탈출은 단순히 다른 공간, 다른 별로의 이동이 아니다. 그것은 그 일상의 의미와 그 속의 자기 존재에 대한 부정이다. 인간의 삶은 과정이기에, 처음부터 자기 자신이 되어 가는 여정이며, 그것은 항상 자기 부정을 통한 자기 확인의 과정이다. 우리가 지구별 어른의 세계에서 태어나 생활하지만, 새로운 세계를 보기 위해서는 어른의 세계와 그 논리가 가진 문제를 자각하고, 그 답을 찾기 위해 여행해야 한다. 하지만 어른의 세계에 길들면, 그러할 가능성은 더는 불가능할지 모른다.

또한, 어린왕자의 여행은 자기 세계의 경계를 넘는 일이다. 여행이 지닌 일탈이나 탈출의 의미가 암시하듯이, 여행은 익숙한 세계의 경계를 넘는 것이며, 낯선 세계를 향한 경계를 넘는 일이다. 물론 이 경계를 넘는 일이 우리에게 모두 좋은 결과만을 가져다주는 것은 아니다. 우리의 여행이 더 큰 좌절과 절망으로 끝날지도 모른다. 하지만 경계를 넘지 않으면, 누구도 그 경계 밖의 세계를 경험할 수 없다. 감각의 눈으로 보이는 세계의 경계 밖에 새로운 세계가 기다리고 있다. 여행은 곧 전혀 다른 새로운 세계에 자신의 삶을 던지는 것이다. 그래서 여행은 이미 익숙한 세계 내에서의 관광과는 구별될 수밖에 없다. 관광은 단순히 우리가 이전에 보지 못한 것을 감각의 눈으로 즐기는 경험에 지나지 않기 때문이다.

그리고 어린왕자의 여행은 자신이 가 보지 않은 세계로의 여행이다. 이 세계를 여행하는 나름의 지도가 있는 것도 아니다. 이런 여행은 말 그대로 그 자체가 하나의 과정이다. 우리는 이 과정을 통해 전혀 새로운 세계와 그 논리를 보고, 전혀 새로운 삶의 자취를 경험할지 모른다. 우리는 이 여행의 과정을 통해 우리 자신이 변한다는 것을 경험한다. 여행은 우리에게 우리가 생각지도 못했던 인식의 변화를 선물한다. 전혀 새로운 눈으로 세상을 바라볼 수 있게 한다. 세상을 바라보는 시선이 변하면 이 세상도 달라져 보이는 것이다. 여행은 누구도 그 결과를 예측할 수 없지만, 우리가 생각한 것보다 더 많은 것을 여행의 과정을 통해 배우고, 세계를 보는 전혀 새로운 눈을 발견할 수 있을 것이다.

여행은 다시 자기 삶의 장소로 되돌아온다. 즉 일상으로의 복귀이다. 여행 후 그의 삶은 여전히 일상의 연속으로 보이겠지만, 그 일상은 전혀 새로운 의미를 지닌다. 그것으로 이 세계와 삶은 더욱 풍요롭게 보이고 아름답게 빛날지 모른다. 어린왕자와 그의 별이 너무 작아 집 한 채 정도에 지나지 않을 수 있지만, 많은 사람이 그를 여전히 친구로 여기고 기억할 것이기 때문이다. 우리가 여행을 떠나기 전, 일상의 세계는 '산은 산이며, 물은 물인 세계'이다. 여행 후 되돌아온 세계 역시 여전히 '산은 그대로 산이며, 물은 그대로 물인 세계'이다. 여행의 전후, 그 세계는 같은 세계이지만, 한편 전혀 다른 세계이기도 하다.

★ 왜 떠나지 못하는지

　　　어른은 자신의 별에서 태어나 자신의 별에서만 생활한다. 자신의 별에서 익숙한 삶에 평생을 보낸다. 그것이 자신들의 유일한 세계라고 믿기 때문이다. 어른의 별에서 태어난 아이들 역시 어른의 세계에서 어른의 논리를 배우고 익히며, 어른이 되는 여행을 한다. 지구별 사람들 역시 아이, 소년, 청년, 장년, 노년 등의 인생 여정을 거친다. 우리는 성장의 시기를 거치며, 많은 것을 배우고 경험하지만, 그것은 결국 어른의 세계로 가는 여정이며, 어른의 삶과 논리를 배우는 과정에 지나지 않는다. 삶의 과정이 어른의 세계를 벗어나지 않는다. 결국, 지구별 아이는 어른의 세계에서 어른의 방식으로 세계를 보며 살아가는 것이다.

　어른은 이미 자신의 일상세계에 물든 사람이다. 그 일상세계 속에서 외로운 삶의 방식으로 살아간다. 그러면 이 일상을 유지해야 하는가 아니면 보다 근원적이며 본래의 삶을 향한 변화를 꿈꿔야 하는가? 우리에게 가능한 근원적이며 본래의 삶이란 무엇일까? 만약 그런 삶이 있다면, 그런 삶을 향한 변화는 곧 자신의 시선을 바꾸고, 다른 선택을 요구한다. 그 변화의 주체는 다름 아닌 우리 자신이다. 하지만 변화는 쉬운 일이 아니다. 그것은 우리의 일상성이 아무리 끔찍하지만 어쨌든 편안한 곳이기 때문이다. 우리는 이런 곳을 '안전지대'라고 부른다. 일상성은 어른 세계의 안전지대이다. 어른은 인생 대부분을 자신들이 만든 안전지대에서 보낸다. 하지만 그들의 안전지대에서 가장 많이 들려오는 소리는 '만족'과 '행복'이 아니라, '불평', '불만'이다. 지구별 어른은 스스로 불평, 불만의 세계에서 떠나지 못하고 안주하고 있다. 어떤 장벽이 어른을 막고 있는 것일까? 대부분 어른은 불만스러운 문제 상황을 자각하거나, 넘어서려고 하지 않는다. 아마 그러한 삶의 태도 역시 자신의 일상성 속에서 학습한 결과일 것이다. 무엇이 그들의 발을 붙잡고 있는 것일까?

불평과 불만은 우리가 어떤 새로운 행동을 취해야 한다는 분명한 신호이다. 하지만 대부분 어른은 그런 신호를 무시하거나 은폐하는 데 급급하다. 그들은 자신들에게 익숙한 세계를 떠나는 데 따르는 불편함을 감수하기보다는 자신들의 불만을 외면하거나 무시하려는 경향이 있다. 그러한 경향성은 다른 어른 역시 동일하게 가지고 있는 심리적인 장벽이다. 어른은 그러한 심리적인 장벽을 대면하려 하지 않으며, 그러한 장벽에 대면하려는 다른 어른에게 부정적인 시선을 보낸다. 그런 타인을 향한 비난의 시선은 한편 안전지대를 떠나도록 하는 일을 미루게 하고, 나아가 삶의 고통에 무감각하게 만든다. 어른의 시선은 곧 안전지대를 자신들의 감옥으로 만들어 버린다.

어른이 자신들의 세계에 대해 불평과 불만을 토로하지만, 여전히 현재 '있는 그대로'의 자신의 삶을 인정한다. 어른의 세계에는 그 불평과 불만을 회피하도록 만드는 많은 것들이 널려 있다. 어른이 자신의 현실을 회피하게 하는 가장 흔한 것이 술과 음식, 텔레비전과 인터넷 등 어른의 오락이 주는 진정 효과 때문이다. 오늘날 어른은 자신들의 세계에서 한 손에는 과자 봉지, 다른 한 손에는 맥주병을 들고, 안락한 의자에 앉아 텔레비전과 인터넷 앞에서 시간을 보내며, 불만스러운 현실과 대면하는 일을 회피한다. 많은 어른이 이 같은 저녁 시간을 보내며 위로를 얻는다. 어떤 어른은 저녁 시간의 맥주 한 잔과 텔레비전 시청이 무엇이 나쁘냐며 따질 수 있다.

물론 그것은 힘든 삶에 대한 일시적인 위안이 될 수 있다. 하지만 그것은 쉽게 남용되고, 자신들의 영혼의 시선을 마비시키고, 그 안락함에 안주하도록 한다. 어른은 자신들의 힘든 현실을 잊기 위한 안전지대가 제공하는 다양한 회피 상품을 소비한다. 어떤 이는 일에 미쳐 살고, 누군가는 다양한 스포츠 및 취미에 세월을 보내곤 한다. 하지만 이러한 회피는 종종 중요한 문제와 맞서는 것을 피하도록 만든다. 그것은 오히려 더 많은 문제를 일으키며, 진정한 해결책이 될 수 없다. 우리는 그 문제를 잠시 외면하고 살 수 있지만, 그 문제는 잠시 뒤 다시 우리 곁에 돌아와 있을 것이다. 지구별 어른이여! 어른의 세계와 그 삶의 방식에 만족하는가? 여러분 자신에게 스스로 물어보라. 그 내면의 소리에 귀 기울여 보라.

어른별 여행

왕의 별

명령과 복종

★ 권력의 논리

어린왕자가 찾은 첫 번째 별은 왕이 사는 별이다. 그 왕은 자주색 천과 흰 담비 모피로 된 옷을 입고 매우 검소하고 위엄 있는 옥좌에 앉아 있다. 그 왕은 다가오는 어린 왕자를 보며 말한다.

"아! 신하 한 명이 오고 있군!" 어린왕자가 오는 것을 보고 왕이 큰 소리로 말했다.

그래서 어린왕자는 의아하게 생각했다.

"나를 한 번도 본 적이 없을 텐데. 어떻게 나를 알까?"

왕이 세상을 보는 방식은 간단하다는 사실을 어린왕자는 아직 몰랐다. 왕에게 다른 사람은 모두 신하이다.

어른은 인생 무대에서 왕, 군주가 되려 한다. 아이들 역시 역할 놀이에서 신하보다는 왕의 역할을 하려 한다. 어른은 왕의 자리를 차지하기 위해 서로 다툰다. 그들은 왕의 역할을 수행함으로써, 자신의 존재를 가장 잘 드러낼 수 있다고 생각한다. 왕이 되려는 어른은 그 이름이 상징하는 것처럼 '권력'을 얻고, 그 권력으로 자신의 존재를 인정받으려 한다. 권력은 어른 세계의 자연스러운 현상이다. 권력은 너무나 자연스러운 현상이기 때문에 많은 이들이 묻거나 의심하지 않는다. 오늘날 권력은 여전히 어른의 세계를 상징하는 다른 이름으로 남아 있다.

권력이라는 것이 왜 있는 것일까? 그것은 어떻게 작동하는가? 그것은 어떻게 끊임없이 돌고 돌아 새로운 모습으로 등장하는가? 권력은 어쩌면 어른의 끊을 수 없는 아편과도 같다. 그것은 한 시대의 아편으로 어른의 생각과 행동을 규제한다. 그 아편이 제 기능을 다하거나 폐기되어야 할 시기가 되면, 여전히 새로운 모습으로 어른의 삶을 파고든다. 권력은 어른 세계의 다른 이름이며, 곧 어른 세계의 논리이다. 어른은 권력의 얼굴을 닮아 간다. 권력의 논리는 단순하다. 그것은 명령과 복종의 논리이다.

★ 최초의 권력, 부모

권력은 먼 곳에 있지 않다. 우리 가장 가까운 곳에 얼굴을 숨기고 있다. 아마 사회적 권위나 권력의 초기 형태는 어린 시절 가정 내에서 경험하는 가족의 질서, 즉 부모의 권위나 권력과 유사했을 것이다. 부모는 우리가 경험하는 최초의 권력, 명령하는 존재이다. 인간은 다른 동물에 비해 너무나 연약한 존재로 태어나며, 아이의 생존은 절대적으로 부모의 손길에 의존한다. 아이는 성장하며 명령하는 존재로서 부모의 존재를 자각한다. 부모가 지닌 육체적인 힘과 생존에 필요한 경험이나 지식은 부모의 권위나 권력을 정당화하는 효과적인 근거이다. 부모는 자연이나 사회적인 위협으로부터 아이를 보호하고, 생존에 필요한 음식물을 제공하며, 나아가 생존에 필요한 것을 얻는 방법을 가르쳐 준다.

부모의 힘이나 경험이 자신의 명령을 정당화하는 근거가 되며, 아이가 복종하는 중요한 이유이다. 물론 부모는 자식을 애정과 사랑으로 키운다. 부모와 자식 사이에 작용하는 명령과 복종의 논리를 거부할 수 없다. 아이는 복종을 통해 권력을 경험하며 자라고, 어른이 되어 명령하는 존재로서 권력 그 자체가 된다. 부모는 가정 내에서 명령하는 왕이 되지만, 더욱더 큰 공동체 내에서 여전히 작은 아이에 불과하다. 어른은 사회에서 더 큰 권력을 경험하는 아이이다.

★ 시민사회와 권력

권력은 사회 조직의 다양한 영역에서 다양한 방법으로 작동한다. 사회는 이미 다양한 사회적 관계로 구성되며, 그 관계를 통해 다양한 조직—경제 조직, 교육 조직, 정치 조직 등—이 생겨난다. 그 조직 내에는 다양한 상하 관계가 존재한다. 즉 상사와 부하, 간부와 사원, 상급자와 하급자, 왕과 신하 등. 이런 호칭은 이미 사회적 관계 내에서의 특정 역할(기능)과 관련된 것이다. 사회적 관계 속 역할의 차이에 근거한 그러한 관계는 사회를 유지하는 데 필요하다.

인간이 사회적 관계 속의 특정 역할을 자기 존재로서 확인하고 그 신분의 삶에 충실하다는 것은 좋은 것이다. 우리는 자신이 선택한 존재의 모습에 성실해야 한다. 하지만 그 상하관계는 단순히 역할 수행의 범위를 넘어서 확대된다. 어른은 자신의 직위와 신분을 이용하여 부당한 명령과 지시를 하고, 그것으로 자신의 존재를 확인하려 한다. 권력이 곧 자신의 다른 이름이 되는 것이다. 즉 어른은 사회적인 관계, 일상생활 속에서 매일같이 권력을 생산하고, 스스로 재생산하여 확대한다. 어른의 사회는 곧 권력 지향의 사회이다. 권력 지향의 사회는 권위적이다.

인간은 사회적 존재이다. 따라서 특정 사회적 역할과 기능에 근거한 관계를 배제할 수 없다. 하지만 그런 특정 사회적 관계가 한 인간의 가능한 삶의 총체성을 대체할 수 없다. 인간은 사회적 관계 속의 어떤 역할이나 기능을 떠나 살 수 없지만, 한편으로 그 역할이나 기능이 곧 자기 자신은 아니다. 어른은 감각의 눈으로 세상을 보기 때문에, 사회적 역할이나 기능에서 드러나는 인간의 모습만을 본다. 결국, 어른의 세계는 사회적 역할과 기능에서 드러나는 계급장의 세계이며, 계급장의 상하관계가 가능한 인간관계의 총체성이 된다.

어른은 자신의 사회적 능력으로 얻은 다양한 계급장을 달고 다니기를 좋아한다. 그래서 직장 내에서의 한 번 상사와 간부는 영원한 상사와 간부가 된다. 그들은 자신의 인생 여정에서 특정 시기에 얻은 계급장으로 자신의 존재를 확인하고, 나아가 자신의 자랑스러운 계급장으로 전혀 다른 상황이나 시점 속에서도 그렇게 인정받기를 좋아한다. 그는 이미 화석화된 자기의 얼굴을 벗어 버릴 수 없다. 우리는 모두 자신의 본래 모습을 감춘 채, 각자 사회적 신분이나 역할을 상징하는 탈을 쓰고 생활한다. 이렇게 권력은 어른 세계의 다른 이름이 된다.

★ 국가권력의 상징

국가권력은 어떻게 해서 태어나는 것일까? 우리가 잘 알고 있는 이솝 우화 한 편을 읽어 보자.

옛날 조그마한 연못에 개구리들이 자유롭고 평화롭게 살고 있었다. 어느 날 개구리들은 이런 생각을 하게 되었다.

"이런 생활은 너무 심심해! 모두 자기 마음대로 하잖아. 누군가 우리 삶에 개입하여 통치하면 더 좋지 않을까!"

개구리들은 꿀벌이나 개미 사회처럼, 훌륭한 왕이 있는 것이 더 가치 있고 행복한 삶을 살 수 있을 것으로 생각한다. 결국 개구리들은 자신들에게 훌륭한 왕을 보내 달라고 제우스에게 간청한다. 제우스는 개구리들의 어리석음을 알지만, 그들의 간청을 받아들여 큰 나무토막 하나를 개구리들의 연못에 던져 준다.

개구리들은 나무토막이 연못으로 떨어지며 요란한 소리를 내자, 모두 깜짝 놀라서 물속으로, 갈대 나무속으로 숨어 버렸다. 한동안 개구리들은 말이 없는 왕을 바라볼 용기도 내지 못했다. 하지만 그것은 나무토막일 뿐이었다. 그 왕의 침묵에 익숙해지자, 어떤 개구리는 얼굴을 내밀어 바라보고, 어떤 개구리는 그 주위를 헤엄쳐 다녔다. 그리고 시간이 지나자, 이제 많은 개구리가 왕의 어깨 위로 올라타고 뛰어 다녔다. 하지만 그 왕은 침묵했고, 말이 없었다.

이제 개구리들은 자신들의 왕이 무력하다는 사실을 알고, 그런 왕의 존재를 부끄럽게 여겼다. 개구리들은 제우스에게 더욱더 강한 왕을 보내 줄 것을 요구했다.

"이런 왕은 우리들의 왕이 될 수 없습니다. 말도 없고, 아무런 힘도 없잖아요! 저희를 통치할 보다 더 강한 왕이 필요합니다."

제우스는 개구리들의 요구를 귀찮게 여기며, 잘 생기고 힘센 황새 한 마리를 내려 보냈다. 개구리들은 당당하게 연못을 걸어 다니는 황새를 보고, 모두 기뻐하며 그를 맞이하였다. 하지만 황새는 개구리들을 보자, 먹고, 죽이고, 삼켜 버렸다. 개구리들은 깜짝 놀라 야단을 피웠지만, 황새는 아랑곳하지 않고 그들을 잡아먹었다. 한 늙은 개구리가 '차라리 우리끼리 그대로 지냈더라면' 하며 후회했지만, 황새는 그 말이 채 끝나기도 전에 잡아먹어 버렸다. 개구리들은 제우스에게 살려 달라고 애원했지만, 신은 그 애원을 들은 체도 하지 않았다.

왕은 국가권력의 상징이다. 아니 왕은 그 자체 국가권력이 되려고 한다. 결국, 모든 사람은 왕의 명령에 복종해야 하는 신하이거나 백성일 뿐이다. 그래서 왕은 자신의 별을 방문한 어린왕자를 신하로밖에 보지 않는다. 권력의 색안경을 쓰고 있는 사람에게 세상은 아주 간단하다. 그는 왕이며, 타자는 신하이며 백성이다. 그래서 그들 사이의 유일한 관계는 명령과 복종이다. 대부분 어른은 국가권력이 요구하는 불편한 진실에 침묵한다. 그것은 어른 그 자신이 국가권력의 한 부분이기 때문이다. 그들은 스스로 국가권력의 한 부분으로서, 권력을 강화하고 유지하려는 방향으로 행동한다. 즉 어른은 그 사실을 자각하지 않고, 불편한 진실을 가진 권력에 대하여 비판적인 태도를 보이지 않는다.

인류의 역사는 지배의 역사이다. 지배의 논리는 그 자체 내에 지배자와 피지배자의 구분을 전제한다. 지배의 욕구와 욕망이 피지배자를 생산한다. 즉 지배자가 없다면, 피지배자도 존재하지 않는다. 피지배자는 지배자의 명령에 자발적으로 복종함으로써, 그 스스로 권력을 지탱하는 한 축이 된다. 피지배자는 권력의 명령이나 폭력을 스스로 내화하고, 그 권력과 일체가 됨으로써, 복종과 예속의 욕망을 실현한다. 이렇게 지배의 논리는 세계의 법칙이 된다.

사실 국가권력에 대한 비판은 오래전부터 있었다. 국가권력의 문제는 국가와 개인 사이의 관계 설정의 문제를 일으킨다. 인간은 무엇보다 인간 사이의 존재, 인간 대 인간의 관계로서 존재한다. 그 인격적인 관계에서 누구도 명령의 권리를 누릴 수 없고, 복종의 의무를 지지 않는다. 하지만 왕 노릇 하는 것을 자랑스럽게 여기는 어른은 권력 지향의 삶을 목표로 달려가고, 그 권력을 이용하여 명령하고 지시하려 한다. 지배의 논리에 익숙한 어른에게 명령은 너무나 당연한 현실의 논리이며 법칙이다. 물론 그를 따르는 한 명의 신하도, 한 명의 백성도 없는 별의 왕이지만!

★ 전제 군주

인간은 다른 인간과의 관계를 떠나서 살아갈 수 없는 한, 인간관계에서 그에 맞는 관계의 질서가 있다. 그런 관계의 질서(규범, 예절)는 어디서 유래하는 것일까? 그런 질서는 어떻게 정당화될 수 있는 것일까?

"왕 앞에서 하품을 하다니! 그것은 예규에 어긋나는 일이다. 하품을 금지하노라." 왕이 말했다.

"하품을 참을 수 없어요. 긴 여행에 잠을 자지 못했거든요…." 어린왕자가 당황하며 말했다.

"그렇다면 네게 명령하니 하품을 하라…."

…

왕은 뭐라고 중얼거렸다. 화가 난 모양이었다.

왜냐하면, 왕은 자신의 권위가 인정받기를 간절히 원하기 때문이다. 불복종은 용서할 수 없었다. 그는 전제군주였다.

왕은 그런 관계의 질서가 자신의 명령에서 비롯된다고 여긴다. 그 왕은 자신의 면전에서 하품하는 것은 예절에서 어긋나는 일이라며, '하품을 금지하노라' 고 말한다. 또 어린왕자가 긴 여정에 잠을 자지 못한 사정을 이야기하자 '명령이 니 하품을 하라'고 말한다. 왕의 언어는 명령의 언어이다. 왕은 자신이 처음 만 난 어린왕자를 같이 대화할 수 있는 동등한 인격체로 보지 않는다. 왕은 자신의 권력, 명령에 복종하는 신하를 통해 자신의 존재를 인정받고자 하지만, 그것은 진정한 인정이 아니다. 진정한 상호 인정은 자신과 동등한 인격과의 상호 관계 에서 성립하기 때문이다. 그는 자신을 인정해 줄 동등한 주체를 세우지 않는다.

왕은 인간의 행동과 인간관계를 규정하는 질서 자체이다. 그는 명령하는 존재 이며, 불복종을 허용하지 않는다. 그는 자신이 내린 규율을 어기는 것을 용서하 지 않는다. 그것은 굉장한 권력이다. 하지만 인간관계의 첫 번째 덕목은 명령도 복종도 아니다. 설령 그것이 사리에 맞는 명령(거창한 대의명분)이더라도 말이다. 자신의 명령이 맞다 하더라도, 자신이 관계하는 상대방의 모든 행위가 그 명령 에 따라야 한다고 생각하는 어른이 있다면, 그는 곧 왕과 같은 존재이다. 명령 전 문가는 상대방을 끊임없이 복종 전문가로 만든다. 그것은 상호 인정이 아니다.

★ 우주의 군주

왕은 자신의 명령이 단순히 인간 세계에 거치는 것이 아 니라, 우주의 모든 대상에까지 적용되기를 바란다. 그는 이제 절대군주를 넘어 우주의 군주이기를 원한다.

"폐하 … 폐하는 무엇을 다스리고 계시나요?

"모든 것을 다스리노라." 왕은 간단히 답했다.

"모든 것을요?"

왕은 조심스러운 몸짓으로 자신의 별과 다른 별, 떠돌이별들을 가리켰다.

"그 모든 것을요?" 어린왕자가 물었다.

"그 모든 것을 다스리노라…" 왕이 답했다.

그는 절대군주일 뿐 아니라 우주의 군주이기도 했다.

왕은 절대군주를 넘어 우주의 군주를 희망한다. 하지만 그의 권력은 '해 지는 것을 보고 싶다'는 어린왕자의 부탁조차 들어주지 못한다. 단지 자신의 명령이 이루어질 조건이 갖추어질 때를 기다려야 한다고 말한다. 우주의 군주로서의 왕의 권력 의지는 아름답기보다는 슬픈 거짓이다. 그것은 위험한 명령이며, 자기기만이다.

왕은 모든 사람이 자신의 손끝 지휘봉에 따라 일사불란하게 움직이는 세계를 꿈꾼다. 그는 마치 오케스트라의 지휘자를 꿈꾸는 것일까! 감각의 눈은 악기 연주자들이 지휘자의 손놀림에 따라 움직이는 것을 볼 뿐이다. 하지만 오케스트라의 모든 구성원은 각자의 역할에 충실하며, 아름다운 하나의 음악 세계를 구현하려는 상호 인정된 이상을 지니고 있다. 그것은 명령과 지시에 따른 복종이 아니라, 하나의 세계를 드러내고자 하는 아름다운 협력, 자발적 참여의 결과이다.

인간은 권력 앞에 나약하다. 그러한 나약함이 권력을 부채질한다. 권력을 가진 자는 끊임없이 지배하고 명령하며 통제하려 한다. 그것을 통해 자신이 권력을 가진 존재임을 인정받고자 하는 것일까! 권력은 물건이나 사물이 아니므로 소유할 수 있는 것이 아니다. 권력은 관계이다. 권력은 타인에 대한 지배이며, 명령이고 통제이다. 결국, 권력은 더 큰 명령, 더 큰 지배, 더 큰 통제를 지향한다. 왕과 군주는 권력의 주인이 아니라, 명령과 지배의 역할을 하는 꼭두각시에 지나지 않는다. 왕은 가장 자유로운 존재처럼 보이지만, 여전히 권력의 지시를 수행하는 노예이다. 그는 권력에 복종하는 노예를 생산한다. 노예의 삶은 아름다운 삶이 아니다.

허영이의 별

소유와 인정

★ 소유의 삶

어린왕자는 두 번째로 허영심이 많은 어른이 사는 별에 들른다.

"아! 저기 나를 찬양할 사람이 찾아오는군!"

허영심 많은 어른이 어린왕자를 보자 외쳤다.

그에게 다른 사람은 모두 자신을 찬양할 사람이다.

"안녕하세요. 특이한 모자를 쓰고 계시군요."

어린왕자가 말했다.

"답례하기 위해서지. 사람들이 나에게 환호할 때 답례하기 위해서야. 그런데 불행히도 이곳으로 지나가는 사람이 아무도 없구나."

허영심 많은 어른이 대답했다.

허영심 많은 어른은 자신이 가장 미남이며, 가장 옷을 잘 입고, 가장 부자이고, 가장 똑똑하다는 것을 인정받고 싶어 한다. 하지만 그는 자신을 찬양해 줄 사람 하나 지나가지 않는 별에서 혼자 살고 있다.

나는 누구인가? 우리는 자기 존재를 어떻게 확인하는가. 우리는 자기 존재를 무엇으로 인정받고 싶은가? 어른은 자신이 '가진(소유) 것'으로 자신의 존재를 증명하고, 인정받으려 한다. 흔히 오늘날 자본주의 사회는 끊임없는 생산과 소비의 악순환을 자극하고, 사람은 자신이 소유하고 소비할 제품에 집착한다. 이제 소유의 삶은 가장 기본적인 삶의 방식이며, 피할 수 없는 운명이 되었다. 어른은 상대방이 소유한 것을 본다. 그것이 상대방을 평가하는 지표이다.

어떤 어른은 더 많은 돈을 가지려고 한다. 그들은 부자가 됨으로써 자신의 존재를 인정받으려 한다. 또 누군가는 부동산을 사랑한다고 말하며, 이곳저곳에 땅을 사들인다. 어떤 이는 학위(지식)를 얻기 위해 자기 인생의 많은 시간을 대학에서 보낸다. 즉 이 시대 어른의 소유 대상은 재산과 학위, 지위와 권력 등 다양하다. 그들은 자신이 소유한 것, 소비하는 상품으로 상대방을 평가한다. 그것은 감각의 눈에 잘 보인다. 이제 모든 것은 소유의 대상이며, 그것을 가지기 위해 산다.

어른은 더욱더 좋은 평가와 인정을 받기 위해 더 좋은 얼굴과 몸매를 갖추고, 더 좋은 옷과 신발을 착용한다. 그는 더 좋은 대학을 나와 좋은 직장을 구하고, 더 좋은 차를 가지고 더 넓은 평수의 아파트를 구매한다. 어른의 삶은 더 많이 더 좋은 것을 소유하는 데 필요한 돈을 벌기 위해 많은 시간을 보낸다. 그런 것을 더 많이 가짐으로써, 자신의 존재를 인정받을 수 있다고 여긴다. 하지만 그것은 우리가 소유할 수 있는 객체일 뿐, 소유의 주체는 아니다. 그래서 수많은 재산은 하루아침에 물거품처럼 사라질 수 있고, 그렇게도 사랑하는 부동산은 하루아침에 거품이 빠지며 우리의 발목을 잡는다. 우리가 가진 것과 가지려는 수많은 것이 우리 자신일 수는 없다. 우리는 그런 것을 더 많이 소유함으로써, 다른 사람보다 더 행복해지는 것도 아니다. 그런 것은 모두 우리가 걸친 장식품일 뿐이다. 그것은 당신이 어떤 사람인지를 말해 주지 않는다.

자신이 가진 것을 통해 인정받으려는 욕구는 끊임없는 생산과 소비의 악순환을 낳는다. 그것이 바로 이 시대의 메커니즘인 자본의 논리이다. 소유를 통한 인정의 삶은 궁극적으로 삶을 풍족하게 하는 것이 아니라, 끊임없이 소유하려는 만성적인 빈곤 상태에 빠지게 한다. 오늘날 어른은 소비 없는 삶을 상상할 수 없다. 소유와 소비는 절제를 모른다. 그것은 우리 삶을 소유와 소비 지향적 삶으로 몰아간다. 많은 어른이 그런 삶을 살기 때문에, 아이들에게 그런 삶을 가르치려 든다. 마치 그것이 좋은 삶인 양 생각하면서 말이다. 인간은 몸의 방식으로 살기 때문에, 소유와 소비 없이 살 수 없다. 하지만 소유와 소비를 향한 삶은 다들 인정하는 인간다운 삶의 본래 모습은 아니다. 소유를 위해 당신이 선택할 수 있는 멋진 삶을 희생시키면 안 된다. 어른은 감각의 눈에 보이는 것밖에 보지 못한다. 아니 감각의 눈에 보이지 않는 것을 보려고 하지 않는다.

인간이 다름 아닌 한 인간으로 인정받는다는 것은 무엇인가? 좋은 삶은 감각의 눈에 보이는 것을 더 많이 치장하고, 소유하고, 그것으로 다른 사람의 인정을 받는 것이 아니다.

"너는 정말로 나를 찬양하지?" 그가 어린왕자에게 물었다.

"찬양한다는 게 뭐죠?"

"그것은 내가 이 별에서 가장 미남이고 가장 옷을 잘 입고 가장 부자이고 가장 똑똑하다고 인정하는 거지."

"하지만 이 별에는 아저씨 혼자 있잖아요!"

"나를 기쁘게 해 줘. 그렇게 나를 찬양해 줘."

"아저씨를 찬양해요. 그런데 그게 아저씨와 무슨 상관이 있어요?" 어깨를 조금 들썩이면서 어린왕자가 말했다.

어른은 자신의 가치를 소유한 것, 가진 것으로 확인한다. 그래서 이 시대의 논리에 따라 외모, 돈, 지식 등이 찬양의 대상이 되고 인정의 계기가 된다. 우리가 상대방에게 더 좋은 외모를 가꾸고, 더 많은 돈을 벌도록, 또 그런 삶을 선물한다면, 어떤 삶이 되돌아올까. 더불어 좋은 삶이 될까. 허영심 많은 어른은 남들이 찾지 않는 나 홀로 별에 사는 가엾은 어른이다. 그는 진정한 인간으로 인정받는다는 것이 무엇인지 모른다.

★ 상호 인정의 삶

인간은 혼자 살 수 없으며, 이미 더불어 사는 존재이다. 인간의 좋은 삶, 멋진 삶은 타인과의 관계 속에서, 타인과 더불어 얻을 수밖에 없는 삶이다. 즉 눈에 보이는 것(얼굴, 외모, 돈, 지식)을 추구하고 바라는 것이 나쁜 것은 아니다. 하지만 감각의 눈에 보이는 것만을 추구하면, 원하지 않는 삶의 함정에 빠지게 된다. 감각의 눈을 즐겁게 하는 것들에 집착하면, 그것에 중독될 수밖에 없다. 현명한 어른이라면, 절제할 줄 알아야 한다. 소유를 향한 삶의 끝은 어디일까? 우리 사회는 어쩌면 이미 풍요로운 사회를 달성했는지 모른다. 하지만 그 풍요로움의 시대는 너무 많은 것을 상실하고 얻은 성취는 아닌가.

어른은 자신이 가지려는 것을 향해 달려간다. 소유를 향한 삶은 배제의 논리를 생산한다. 아름다움을 향한 삶은 추한 것을 배제하고, 부를 향한 삶은 가난을 배제한다. 추한 자는 아름다워지려 하고 가난한 자는 부자가 되려 한다. 어른의 세계는 소유를 향한 무한 경쟁의 사회이다. 이 무한 경쟁은 어른 세계의 논리이며 법칙이다. 어른의 행동과 동기는 모두 이 논리와 법칙에 따른다. 소유를 향한 경쟁이 빨라지면 빨라질수록 우리는 경쟁을 멈출 수 없게 된다. 이쯤 되면 어른의 인생은 소유 자체를 향한 삶이며, 소유를 위해 자기 삶을 재편한다. 인간의 다양한 삶의 가능성은 질식당한다.

우리에게 필요한 것은 자신의 인생에 좋은 것과 나쁜 것을 구분할 수 있는 능력이다. 그런 능력이 있다면, 다시 생각해 보라. 어떻게 사는 것이 좋은 삶일까? 물론 이 물음에 대한 명확한 답을 내리기 쉽지 않다. 아마 모든 사람이 동의할 수 있는 일치된 해답은 없을 것이다. 하지만 사람들이 어떤 해답을 제시하든 그것은 '자신의 원하는 삶'에 근거한 것이다. 각자 원하는 삶을 살라! 인간에게 좋은 삶은 '각자 원하는 삶을 사는 것'이다. 이것은 무슨 뜻인가? 오해하지 않기를 바란다. 이 말은 각자가 하고 싶은 것을 마음대로 하며 살라는 것이 아니다. 인간은 타인과의 관계를 떠나 살 수 없는 한, 그 선언은 바로 서로가 인정하는 원하는 삶을 뜻한다. 즉 우리는 타인에게 그가 원하는 삶을 줄 때, 바로 그 삶을 얻을 수 있다. 당신은 옆 사람에게 어떤 삶을 선물하고 싶은가? 당신이 선물하는 그 삶의 방식으로 당신의 존재를 확인할 수밖에 없다면 말이다.

'각자 원하는 삶'은 자신뿐 아니라 다른 사람도 인정할 수 있는 삶을 나누는 것이다. 그것은 서로 좋은 삶을 나누고 공유하는 것에서 출발한다. 우리는 옆 사람과 우정을 주고받고, 사랑을 주고받으며, 신뢰를 주고받을 수 있다. 우리는 서로 수많은 가치 있고 의미 있는 것을 주고받을 수 있다. 그것은 인정의 강요가 아니라, 상호 인정의 관계 속에서 생겨난다. 그 과정을 통해 인간적으로 성장하며, 그 관계를 통해 삶이 변화한다. 삶의 변화는 더 많은 것, 더 좋은 것, 더 높은 것을 소유하고 인정받는 것이 아니다. 인간의 마음 한구석에 소유를 통해 인정받고자 하는 욕구가 꿈틀거릴 때, 우리는 경계해야 한다. 그런 욕구는 소유하지 못한 사람을 배제한다. 우리는 배제하고 차별하는 사람과 좋은 삶을 나눌 수 없고 진정한 인정과 찬양을 받을 수 없다. 인간은 스스로 그 자신이 되는 것, 타인이 그러한 삶을 살도록 돕는 것, 그것이 최고의 인정, 상호인정의 삶이다.

술꾼의 별

무기력한 삶

★ 부끄러움을 잊기 위해

어린왕자가 세 번째 들른 술꾼 어른이 사는 별에는 탁자 옆에 빈 술병 상자가 놓여 있고, 탁자 위에는 술이 든 술병과 술잔이 놓여 있다. 술꾼은 말없이 술을 마시고 있었다. 그는 매일 술로 하루를 시작하고 마감한다.

"뭘 하고 있으세요?" 어린왕자가 말했다.

"술을 마시고 있어." 몹시 괴로운 표정으로 술꾼이 대꾸했다.

"왜 술을 마셔요?" 어른왕자가 그에게 물었다.

"잊기 위해서." 술꾼이 답했다.

"무엇을 잊기 위해서예요?" 가엾은 생각에 어린왕자가 물었다.

"부끄럽다는 걸 잊기 위해서." 머리를 숙이며 술꾼이 답했다.

"뭐가 부끄럽다는 거죠?" 그를 돕고 싶은 어린왕자가 물었다.

"술을 마시는 게 부끄럽지!" 이렇게 말하고 술꾼은 말이 없었다.

그래서 난처한 어린왕자는 그 별을 떠났다.

어린왕자는 술꾼에게 왜 술을 마시는지 묻는다. 어른은 술을 마시는 자신이 부끄러워 술을 마신다고 말한다. 어떤 행위가 부끄러워 그 행위를 계속한다! 우리가 어떤 행위를 반복해서 계속한다면, 그 이유는 무엇일까? 그것은 일차적으로 그 개인에게 의미 있고 가치 있기 때문이다. 우리가 매일 운동하는 것은 건강해질 수 있기 때문이며, 매일 책을 읽는 것은 다양한 지식이나 지혜를 얻을 수 있기 때문이다. 그래서 운동과 독서는 좋은 결과를 만들어 내는 좋은 행위이다. 술꾼의 별을 방문한 시간은 매우 짧았지만, 어린왕자는 그 후 깊은 우울증에 빠졌다. 술꾼은 부끄러운 자신의 행동을 잊기 위해 그 행동을 반복하고 있다. 그는 삶의 시간을 술을 비우고 빈 병을 채워 가는 악순환에 빠진 어른이다. 어린왕자는 그가 안타까워 돕고 싶었지만, 그는 침묵을 지켰다.

인간은 부끄러움을 아는 존재이다. 이 사실이 의미하는 것은 무엇일까? 『성경』의 「창세기」에 따르면, 아담과 이브는 선악과의 나무 열매를 먹자, 그 두 사람의 눈이 열려 자신들이 벌거벗고 있음을 깨닫는다. 그래서 그들은 무화과 잎으로 앞을 가린다. 여기서 눈의 열림은 새로운 세계의 자각을 뜻한다. 아담과 이브는 자의식이 열리고, 자신의 행위를 타인의 시선으로 보게 된 것이다. 그것은 종교적인 의미이지만, 한편 부끄러움을 알게 됨을 뜻한다. 우리가 자신의 행

동을 부끄러워한다면, 그것은 우리가 자유의지를 가진 존재임을 의미한다. 즉 우리가 자유롭지 않다면, 우리는 어떤 부끄러움도 느끼지 않고, 도덕적인 개념도 가지지 않을 것이다. 우리가 부끄러운 행위, 수치스러운 행위를 깨닫는 경우, 그것은 우리가 자유로운 존재임을 말한다.

인간은 부끄러움을 알고 수치심을 느끼는 존재이다. 그것은 우리가 자유롭다는 사실에서 온다. 인간은 어떤 행위를 하는 〈자신〉과 그 사실을 자각하는 〈자기〉라는 이중적인 존재이다. 이것이 인간의 조건이다. 이런 인간 조건 때문에 우리는 자신의 어떤 행위에 대해 부끄러워한다. 동물은 자신의 어떤 행동을 부끄러워하거나 자랑스러워하지 않는다. 벌의 세계에서, 일벌은 자신의 벌집으로 침입한 말벌과 싸워 장렬하게 죽는다. 하지만 그것은 일벌의 의로운 선택이나 결단이 아니라, 종의 보존을 위한 생물학적으로 결정된 행동이다. 우리는 생물학적으로 정해진 행동에 대해 부끄럽다거나 자랑스럽다는 표현을 붙이지 않는다.

하지만 인간의 경우는 다르다. 인간은 자신이 죽는다는 사실을 알면서도 적과 싸우기 위해 전쟁터로 나간다. 그것은 그의 선택이며 결단이다. 인간은 자신과 자기의 관계에서 자신의 행위를 부끄럽게 여기거나, 혹은 자랑스럽게 여길 수 있다. 인간은 자신의 행위가 명예롭고 자랑스러운 경우, 자신이 바로 그 행위의 주체라며 당연한 것처럼 강조한다. 하지만 반대로 부끄럽거나 수치스러운 행위를 한 경우, 달리 행동할 수 없었다거나 다른 선택의 여지가 없었다며 자신의 행위를 정당화하거나 상황의 노예로 변신한다. 이런 것이 모두 인간이 자유로운 존재임을 말한다.

인간이 자유롭다고 해서, 인간이 어떤 상황 자체를 선택한다는 것이 아니다. 인간은 이미 자신이 원하든 원하지 않든 항상 어떤 상황에 내던져진 존재이다. 인간은 자신-자기의 관계에서는 자유롭다. 어떤 상황에 부닥쳐 있든지, 그 상황에 대처하는 방법은 자유이다. 술꾼이 자신의 행위를 부끄러워한다는 사실은 스스로 자유로운 존재로서 선택하고 결단하는 주체임을 암시한다. 하지만 술꾼은 자신의 그런 실존적 가능성을 은폐한다. 그는 마치 술을 먹을 수밖에 없는 상황의 노예처럼 행동하고 있다. 하지만 그런 행위 역시 술꾼의 선택임을 인정해야 한다. 선택과 결단은 자기 자신의 중요한 힘이다. 우리는 자신의 선택과 결단으로 자기 자신(삶)을 선택함과 동시에 자신의 상황을 선택하는 것이다.

부끄럽다는 것은 누군가가 자기 앞에 없어도 타인의 시선을 의식한다는 것이다. 타인의 시선을 의식한다는 것은 우리가 혼자 있을 때도 여전히 더불어 산다는 것을 의미한다. 술꾼은 술에 집착하는 자신의 행위가 부끄럽다는 것을 알기에 새로운 삶을 향해 자신을 기투할 가능성을 지닌다. 하지만 술꾼은 부끄러운 것을 버리기 위해 부끄러운 것을 붙들고 있다. 자신이 들고 있는 것을 놓아야 다른 것을 집어 들 수 있다. 어른은 항상 버려야 할 것에 시선을 보내며, 그 시선을 거두어 다른 곳을 보지 않는다. 어떤 부끄러운 행동을 반복하여 선택할수록, 그 상황을 벗어날 수 없다. 그럴수록 벗어날 수 없는 굴레가 될 뿐이다. 술꾼에게 필요한 것은 진정 자신이 집어 들어야 할 삶을 찾는 것이다. 즉 진정으로 자신이 원하는 것이 무엇인지를 이해하는 것이다. 그것이 성숙한 어른, 양심이 있는 어른의 모습이다. 우리 주변에는 미성숙한 양심이 없는 어른도 많다. 자신이 원하는 좋은 삶이 무엇인지 이해한다면, 그것을 얻기 위해 최선을 다해야 한다.

★ 방황하는 현대인

　　　　인간이란 무엇인가? 인간은 객관적으로 관찰되거나 실험을 통해 설명하기에 앞서, 이미 일상생활 속에서 어떤 역할을 하며 살고 그 사실을 알고 있다. 인간 존재는 일상생활 속 자신의 경험 구조, 체험의 양식에서 명확하게 드러나고 이해된다. 앞에서 이미 언급한 것처럼 인간이 자신의 어떤 행위를 자랑스럽게 여기거나, 수치스럽게 여긴다면, 그것은 인간이 자유로운 존재임을 함의한다. 실존철학자 사르트르는 인간 존재는 자유롭도록 선고받았다고 말한다. 그의 주장은 다음의 명제로 표현된다.

"인간 실존은 본질에 앞선다."

이 명제는 두 가지 사실을 함축한다. 인간은 그 존재의 본성, 본질이 확정된 존재가 아니다. 그리고 이미 규정된 인간 본질이 없다면, 인간은 스스로 자기 존재를 규정하고 확정하는 과정을 통해서 자기 삶을 이어 가야 한다. 즉 인간은 스스로 자기 존재를 확정하기 위해 노력해야 한다. 인간은 부단히 자신의 존재(본질)를 선택할 수 있고, 자신이 선택한 모습으로 존재해야 한다.

인간 존재의 본성 혹은 본질이 있다고 가정해 보자. 인간은 어떻게 살아야 할까? 인간은 자신의 본질에 부합하는 삶을 통해 더욱 인간다운 존재가 될 것이다. 서양의 형이상학적인 전통에 따르면, 인간 존재는 다른 사물(존재자)과 마찬가지로 그 본질이 이미 규정되어 있다. 예를 들어, 고대 그리스인에 따르면, 인간 존재의 본질은 영혼이며, 그 영혼의 최고 기능은 사유(이성)이다. 인간은 이성적인 존재이며, 이성적 존재는 그 스스로 추구해야 할 이상(목표)을 지닌다. 그것은 그 기능을 온전히 실천할 수 있는 폴리스의 정신에 일치하는 삶을 사는 것이다. 인간의 본질이 이미 규정되어 있다면, 인간의 이상적인 삶의 방식 역시 이미 주어져 있다. 즉 자신의 존재 본질에 일치하는 삶을 통해 인간다운 인간이 된다. 인간 존재의 본질이 규정되어 있다는 태도는 중세에도 마찬가지이다.

하지만 오늘날 현대인은 어떤가? 현대인은 인간이 추구해야 할 당연하게 받아들이는 본질을 부정한다. 현대인의 사유는 자기 존재의 본질을 발견할 수 없다는 전제에서 출발한다. 그렇다면 인간은 끊임없이 자기 존재를 선택하고 결단함으로써, 자신이 선택한 존재를 통해 자신을 확인하고 이해해야 한다. 이런 상황에서 인간의 근본 경험 및 체험의 방식들이 드러난다. 인간 실존의 경험 구조 가운데 하나는 '권태로움' 혹은 '부끄러움'이다. '권태롭다'는 것은 일면 우리가 일상적으로 사용하는 '심심하다'는 의미이다. 즉 '권태롭다'는 것은 '자신의 추구해야 할 모습이 없다'는 것이며, 따라서 자기 존재의 모습을 선택하거나 결단하지 않는다. 그것은 자신이 의미 있게 추구할 삶의 가치를 찾지 못하고 방황하는 것이다. 이처럼 자신이 추구해야 할 삶의 가치가 없을 때, 우리는 '심심하다'고 말한다.

"그런 일을 왜 하니?"

"심심해서….."

"그렇게 할 일이 없니?"

"다른 할 일이 없는데 어쩌겠니!"

이런 대화에서처럼, 무의미한 일에 대한 인간의 열정이 곧 권태로움이다. 권태로움은 누구나 느낄 수 있는 근본 경험의 한 방식이다. 하지만 권태로움은 인간의 삶을 무기력하게 만들기도 한다. 술꾼의 술이 바로 부끄러운 삶에 대한 열정을 담고 있는 것처럼 말이다. 어른은 어디로 가야 할지 모른다.

실업가의 별

자본의 축적과 관리

★ 경제인의 탄생

어린왕자가 들른 네 번째 별의 실업가 어른은 저 넓은 하늘의 별을 계산하기에 바쁜 나머지 담뱃불 붙일 시간적인 여유조차 없다.

"안녕하세요. 담뱃불이 꺼졌네요." 어린왕자가 말했다.

"셋에 둘을 더하면 다섯, 다섯에 일곱을 더하면 열둘, 열둘에 셋을 더하면 열다섯, 안녕. 열다섯에 일곱을 더하면 스물둘, 스물둘에 여섯을 더하면 스물여덟. 다시 담뱃불 붙일 시간이 없어. 스물여섯에 다섯을 더하면 서른하나. 후우! 그러니까 오억일백육십이만이천칠백삼십일이 되는구나."

"무엇이 오억이죠?"

"응? 너 아직도 거기 있니? 저 … 오억일백만 … 생각이 안 나는구나 … 너무 바빠서. 나는 중요한 일을 하는 사람이야. 농담할 시간도 없어! 둘에 다섯을 더하면 일곱…."

실업가는 하늘의 별을 세는 자기 일을 매우 중요하게 여긴다. 그는 그 중요한 일을 54년 동안 해 왔고, 그사이 단 3차례 방해를 받았다. 그는 자기 인생의 분명한 목적과 목표를 가지고 있으며, 그것을 이루기 위해 분초를 다투며 일한다. 이렇게 쉴 틈 없이 일하는 실업가는 오늘날 자본가를 닮았다.

경제활동은 모든 사회적 활동의 토대이다. 즉 경제활동은 삶을 꾸려 가는 데 필요한 모든 활동과 관련되어 있다. 인간은 누구나 먹을 것과 입을 것이 필요하고, 재미와 즐거움을 위한 오락을 찾고, 책을 읽고 영화를 본다. 이처럼 우리 삶에 필요한 모든 재화와 서비스를 생산하고, 분배하고, 교환하고 소비하는 전 과정이 경제활동이다. 인간은 생산의 영역에서 돈을 벌고, 소비의 영역에서 돈을 쓴다. 오늘날 생산과 소비는 시장이라는 운동장에서 이루어지는 시장경제이며, 화폐가 모든 교환을 매개하는 화폐경제이다. 우리는 이런 경제활동을 시장경제 혹은 자본주의라고 부른다. 자본주의 세계에서 주인공은 생산 수단을 지닌 자본가이다. 그들은 자본의 무한 증식을 꿈꾸는 모험가이다.

인류의 역사에서 어느 시대든 부에 관심을 가진 사람들이 있었다. 하지만 근대 이후 등장한 경제인은 특별한 의미를 지닌다. 이 경제인은 '아몬의 신(부의

신)'을 숭배하고, 부의 축적과 증식을 추구하는 무한 충동에 빠진 인간형이다. 과거에도 부의 축적에 눈먼 어른이 있었지만, 근대 이후 등장한 경제인은 '보다 더, 더욱더' 많이 가지고자 하는 무한 욕망과 성취를 지향하는 인간의 상징이다. 황금은 영혼의 구원이며, 부의 축적은 천국으로 가는 티켓이다. 그들의 눈은 더는 과거에 머물지 않고 앞을 보며, 자신들의 자발적인 힘과 계획에 따라 행동하는 대단히 현실적인 인간이다.

이제 그들은 자신들의 계획에 따라 세계와 인간을 개조한다. 노동은 더는 아담과 이브가 범한 죄에 대한 처벌 혹은 징벌이 아니다. 일은 곧 신의 명령이며, 신이 원하는 행위이다. 즉 경제 활동은 신이 내린 성스러운 소명이며 가치이다. 그들의 신은 인간에게 명령한다. '일하라, 계속 일하라.' 이제 어른은 신의 명령에 따라 쉴 틈 없이 일하는 바쁘게 돌아가는 삶을 중요한 가치로 여긴다. 이제 어른은 그 세계의 논리에 따라 열심히 일하고, 소비하지 않고 절약하며, 자본을 축적한다. 이것이 근대의 새로운 인간, 즉 경제인의 등장이다.

★ 자본을 축적하는 삶

근대의 새로운 인간형인 경제인은 자신의 이념에 충실하게 계획적으로 행동한다. 아마 경제인의 이상은 오늘날 자본가의 모습과 크게 다르지 않다. 자본가의 목표는 끊임없는 자본의 축적과 욕망의 실현이다. 그들은 자신의 목적을 추구하기 위한 보다 효율적인 도구와 방법을 연구한다. 산업사회는 생산성을 높일 수 있는 조직을 만들고 그 조직 내에서 역할 분담의 체계적인 분업을 진행해 왔다. 그리고 자본은 자본의 증식에 필요한 보다 과학적인 체계적 관리법을 도입한다. 그것은 누구나 효율적으로 일할 수 있도록 일을 재조직하고, 새롭게 설계하는 것이다. 그렇게 함으로써, 자본은 노동자를 장악하고 생산 과정을 통제한다. 노동자는 자신들이 원하는 방식으로 일하는 것이 아니라, 이미 조직된 일터에서 미리 설계된 방식의 단순한 작업을 반복한다.

오늘날 자본은 먼저 생산과정을 보다 체계화하고 시스템화한다. 자본가는 노동자들이 체계적인 계획에 따라 움직이도록 일의 단계를 나누고, 작업이나 업무를 단순화한다. 그것은 생산성을 증가시키기 위한 생산과 작업 시스템의 도입이다. 생산 영역은 기계화 과정을 통해 일을 보다 효율적으로 수행하도록 하고, 전체 작업 과정은 단순한 작업의 연속적인 과정으로 대치된다. 이제 노동은 매일 반복되는 기계적인 단순 작업에 지나지 않는다.

고도로 산업화한 사회는 노동자를 기계의 일부처럼 부리고, 기계의 부품처럼 대체 가능하도록 만든다. 자본가는 사람들을 훈련하고, 그들의 업무 과정과 결과를 감독한다. 이제 사람들은 지시받은 일을 신속하게 실행하는 기계의 부품과 같은 노동자로 전락한다. 자본가는 생존을 위한 임금을 미끼로 노동자의 삶을 조직하고 관리하기에 이른다. 이제 노동자는 자본가의 자본 축적을 위한 도구로 길들여진다. 노동자는 기계로 대체하기 힘든 일을 하는 자동 기계이며, 인간 기계를 관리하는 것은 자본의 축적과 관리를 위한 수단일 뿐이다.

★ 관계를 향한 삶

실업가 어른은 자본의 축적과 관리를 위해 살아가는 인간의 단면을 보여 준다. 어른은 자기 생에 더 많은 것을 축적하고 관리하는 것을 목표로 산다. 그러면 자신이 부자라고 생각하기 때문이다. 어른은 자신이 소유하고 있는 것을 '세어 보고 또 세어 보는 것' 즉 관리한다. 그는 그 일을 하면서 스스로 진지한 삶의 태도를 견지한다. 그의 인생은 부를 위해 살고, 그것을 관리하는 것이다. 그는 삶의 다른 목적이 없거나, 아니면 목적과 수단을 구분하지 못하는 어리석은 사람이다. 그는 삶을 위해 돈이 있어야 하는 사람이 아니라, 돈을 위해 자신의 삶을 희생하는 사람이다. 그는 삶의 주인이기를 포기하고, 돈의 노예이기를 선택한다.

어린왕자는 실업가의 별이 참 이상하다고 여겼다. 어린왕자에게 머플러를 소유한다는 것은 '목에 두르고 다닐 수 있다'는 것이며, 꽃을 소유하고 있다는 것은 '꽃으로 장식하고 선물할 수 있다'는 것이다. 어린왕자는 중요한 일에 대해서 어른과 매우 다른 생각을 하고 있었다.

"나는 말이죠. 한 송이 꽃을 가지고 있는데 매일 물을 주죠. 세 개의 화산도 가지고 있어서 매주 그을음을 청소해요. 불이 꺼진 화산도 청소해요. 언제 어떻게 될지 알 수 없잖아요. 내가 그것을 소유한다는 것은 그 화산이나 꽃에게 이로운 일이죠. 하지만 아저씨는 별들에게 아무런 도움도 되지 않잖아…."
실업가는 무슨 말을 하려 했으나 할 말을 찾지 못했다. 그래서 어린왕자는 그 별을 떠났다.

실업가 어른은 무엇이 소중한 것인지를 모르거나 착각하고 있다. 아니면 주변 어른이 모두 그런 태도로 살아가기에 너무 당연하게 여기고 있을지도 모르겠다. 소유한다는 것! 이것은 어린왕자와 실업가 어른에게 전혀 다른 의미이다. 실업가 어른에게 소유는 단지 축적하고 관리하는 것이다. 그는 소유 자체를 위해 산다. 그가 가진 것은 새로운 경험도, 새로운 삶의 가능성도 제공하지 않는다. 하지만 어린왕자에게 소유한다는 것은 관계하는 것이다. 관계한다는 것은 그 대상에게 유익한 것을 주는 것이다. 그것은 다양하게 관계하는 삶의 가능성을 제시한다. 어린왕자는 자신이 소유한 꽃에 매일 물을 주었고, 세 개의 화산에 끼인 그을음을 제거했다. 어른도 사회적 존재이기에 주위 사람과의 관계가 중요함을 한다.

하지만 문제는 어른이 관계의 의미를 대단히 자기중심적으로 생각하는 경향이 있다는 것이다. 그리고 어른은 다른 사람과 더불어 살아가는 데 무엇이 진정 유익한지를 자주 망각한다. 사실 진정 유익한 것이 무엇인지 판단하기 어려운 경우가 많다. 그래서 인생에서 진정 유익한 것이 무엇인지를 아는 능력 즉 좋은 것과 나쁜 것을 구분하는 능력이 중요하다. 이런 능력은 단순히 수치화된 지식이 아니다. 그래서 어른은 그런 능력과 앎을 지식과는 구분하여 지혜라고 부른다. 하지만 어른은 그저 살아갈 뿐, 지혜를 구하지 않는다.

가로등 켜는 어른

부조리한 노동

★ 일하는 삶

어린왕자가 다섯 번째 들른 별은 지금까지 거쳐 온 별 가운데 가장 작은 별이지만 무척 흥미롭다. 그 별에는 가로등 하나와 가로등 켜는 사람이 있다. 그는 쉴 틈 없이 가로등을 껐다 켜기를 반복한다.

"안녕, 아저씨. 왜 가로등을 껐어?"

"안녕. 그건 명령이야." 가로등 켜는 사람이 답했다.

"명령이 뭐죠?"

"내 가로등을 끄는 거야. 잘 자."

그리고 그는 다시 불을 켰다.

"왜 다시 가로등을 다시 켰어?"

"명령이야." 가로등 켜는 사람이 말했다.

"무슨 말인지 모르겠는걸요." 어린왕자가 말했다.

"이해할 건 아무것도 없어. 명령은 명령이니까. 잘 잤니!"

우리는 하루의 많은 시간을 일한다. 왜 일을 해야 할까? 아마 어른은 별생각 없이 살기 위해서 어쩔 수 없는 것 아니냐며, 너무나 당연한 이야기라고 말할 것이다. 그것은 자신들의 힘든 삶에 지친 어른의 습관적인 반응일 뿐이다. 어른은 누구도 일의 필요성에 의문을 제기하지 않는다. 어른의 세계는 일하지 않으면 생존조차 힘들다. 누구나 필요하다고 여기는 일은 어떤 의미와 가치를 지니는 것일까?

어른은 아이에게 이솝 우화 「개미와 베짱이」의 일화를 들려준다. 아이는 추운 겨울 굶지 않기 위해서는 한여름 더운 날 베짱이처럼 놀지 말고 개미처럼 열심히 일해야 한다고 배운다. 어른의 교훈은 마치 일하는 삶이 노래하는 삶보다 더 가치 있다는 것으로 들린다. 가난한 사람들은 모두 열심히 일하지 않고 게으르기 때문이다. 이것은 생존의 유지에 집착하는 어른의 감각의 눈에 비친 해석일 뿐이다. 이제 우리는 가로등 켜는 어른의 별과 그 삶을 통해, 일은 진정 어떤 의미와 가치가 있는지 물어보자. 개미와 베짱이의 일화에서 보듯이, 어떤 삶의 방식이 더 좋을까?

사실 개미는 일하는 삶의 표본이다. 어른은 아마 은퇴 이후의 편안한 삶을 위해 젊을 때 열심히 일하고 저축한다. 그들은 자신의 불안한 미래를 위해 현재를 저당 잡힌 사람들이다. 그래서 현재의 힘든 삶을 담담하게 견뎌 내며, 매일 매일 아끼고 검소하게 살아가는 것에서 기쁨을 얻는다. 이렇게 살아가는 개미의 미래는 항상 장밋빛일까?

어른은 나이가 들어 은퇴할 시점이 되면 인생을 즐길 수 있기를 희망한다. 하지만 그것은 어른의 희망일 뿐, 불가능한 경우가 더 많다. 어른은 미래를 위해 열심히 살지만, 막상 그 미래가 도래했을 때 여전히 일하고 있거나 무엇을 해야 할지 몰라 당황한다.

결국, 개미와 같은 일하는 삶의 모델은 좋은 대안이 될 수 없다. 베짱이의 삶은 재미와 즐거움을 쫓는 삶의 표본이다. 베짱이는 개미와는 달리 오직 현재를 위해 살고, 미래를 희생할 준비가 되어 있는 사람이다. 현재의 즐거움은 미래의 불안을 담보로 한다. 베짱이의 삶은 많은 이들의 모험이며 기회이다. 모험의 결과는 알 수 없다. 인생을 일로 채워야 할까 아니면 놀며 즐겨야 할까?

★ 짐인가? 희망인가?

일은 삶의 빛이며 희망인가, 아니면 삶의 무거운 짐인가? 가로등 켜는 어른의 별은 일에 대한 많은 것을 생각하게 한다. 먼저, 그의 별은 하늘 한구석, 집도 없고 사람도 살지 않는 별이다. 달리 말하면, 그의 별은 가로등이 필요 없는 세계이며, 따라서 가로등을 껐다 켰다 해야 할 필요도 없다. 우리가 일해야 할 필요가 없는 세계에 산다면, 일은 더는 삶의 수단이나 생계를 해결하는 도구일 필요가 없다. 이때 우리는 창조적인 활동이나 놀이로서의 일, 그 자체 목적이 되는 일을 할 수 있다. 이것은 누구나 바라는 유토피아에서의 삶일 것이다. 하지만 가로등 켜는 어른은 더는 일이 필요 없는 곳에서 일하고 있다. 그것이 삶의 수단이 아니라면, 자신이 원하는 창조적인 활동일까?

가로등 켜는 어른의 별과 그의 일(노동)은 진정 그 자신의 삶에 어떤 의미이며, 나아가 그것이 그에게 필요한 일인지 생각하도록 한다. 물론 그 어른은 생각지도 않지만 말이다. 일이 필요 없는 세계에서, 그는 그 일을 통해 무엇을 찾고 있는 것일까? 가로등 켜는 어른은 자신이 하는 일이 어떤 의미가 있는지 모른다. 어린왕자의 생각대로 "우주의 꽃과 별이 잠들고 깨어나게 하는 행위는 진정 아름다운 일이며, 누군가에게 유익한 것"이라고 볼 수 있다. 하지만 그 일이 그 자신에게 어떤 의미인지는 또 다른 문제이지만 말이다.

가로등 켜는 어른은 자신의 그 행위가 단지 '명령'이라고 말한다. 어린왕자가 "무슨 말인지 모르겠다"고 말하자, 그는 "이해할 건 아무것도 없단다. 명령은 명령이니까"라고 답한다. 그 행위의 동기는 자기 자신이 아닌 '명령 그 자체'이다. 그는 자기 일을 결정하는 주체가 아니다. 그는 자발적인 자신의 선택, 욕구의 수단으로 일하는 것이 아니다. 그는 단지 가로등을 끄고 켜는 인간 기계일 뿐이다.

"내 직업은 정말 힘들어. 전에는 이러지 않았는데. 아침에 불을 끄고 저녁이면 다시 켰었지. 그래서 나머지 낮 시간은 쉬고 밤에는 잠을 잘 수 있었거든. … 하지만 이 별은 해가 갈수록 빨리 돌고 명령은 바뀌지 않았어. 그래서 이제는 이 별이 일 분마다 일 회전을 하니까 일 초도 쉴 틈이 없어. 일 분마다 한 번씩 껐다 켰다 해야 하니."

여러분의 일과 노동은 자신의 선택인가, 누군가가 시켜서 하는 일인가? 우리가 누군가의 명령에 따르는 이유는 부분적으로 그 명령에 따르지 않으면 무거운 처벌을 받을지 모른다는 막연한 불안 때문이다. 하지만 가로등 켜는 어른은 명령을 누가 내린 것인지 그 명령을 거부하면 어떤 결과가 빚어지는지 모른다. 다만 따를 뿐이다. 그 일은 그 자신이 선택하지 않은 것이기에, 어떤 자긍심도 책임의식도 느끼지 못한다. 그의 행위는 인간 기계의 자동화된 과정처럼 보인다. 우리는 자동화된 기계의 일을 아름다운 희생이라고 말하지 않으며, 사명에 따른 일이라고 말하지 않는다. 가로등 켜는 어른의 행동은 이 시대 현대인, 일하는 노동자의 부조리한 삶의 상징이다.

가로등 켜는 어른의 일(노동)은 자신의 욕구를 배반한다. 그가 진정으로 원한 것은 '잠시라도 쉬는 것이며, 무엇보다 좋아하는 것은 잠을 자는 것'이다. 하지만 그의 별은 그에게 하루도 쉴 기회나 여유를 주지 않는다.

어린왕자는 그 친구를 돕고 싶었다.

"저 말이죠 … 쉬고 싶을 때 쉴 방법이 있어요….'

"그야 당연히 쉬고 싶지." 가로등 켜는 어른이 말했다.

"아저씨별은 아주 작으니까 세 발짝만 옮겨 놓으면 한 바퀴 돌 수 있잖아요. 언제든 햇빛 속에 있으려면 천천히 걸어가면 되는 거예요. 쉬고 싶을 때면 걸어가도록 해요 … 그럼 하루해가 원하는 만큼 길어지는 거예요."

"그건 별로 도움이 안 되겠는걸. 내가 제일 좋아하는 것은 잠을 자는 거니까." 가로등 켜는 어른이 말했다.

가로등 켜는 어른의 일은 하면 할수록, 자신이 진정으로 원하는 것, 즉 하루라도 제대로 잠자는 것과는 거리가 멀어진다. 그는 일을 통해 자신의 욕구를 실현하는 것이 아니라, 욕구의 좌절을 경험한다. 그것은 이제 더 많은 일을 더 빨리 해치워야 하는 자동 기계의 운명을 닮았다. 기계는 묻지 않는다. 가로등 켜는 어른 역시 마찬가지이다. 자신에게 일을 시킨 명령의 주체를 묻지 않는다. 이제 일은 자신의 욕구를 실현하는 수단이 아니다. 그 일은 하면 할수록 자신의 욕구와는 반대 방향으로 멀어진다. 그것은 소외이다. 일의 끝이 보이지 않는 길!

★ 노동의 소외

오늘날 인간 소외의 본질은 노동의 소외이다. 원래 노동은 인간이 자신의 삶을 표현하는 방법이다. 인간은 노동을 통해 자연 속에서 자신의 욕구를 확인한다. 이 경우 노동은 인간 욕구와 분리될 수 없다. 자연 상태에서 인간의 노동이 자신의 욕구와 일치된다면 노동의 소외는 발생하지 않는다. 예를 들어, 가구를 만드는 장인의 일을 생각해 보자. 장인은 어떤 디자인의 가구를 만들지 구상하고, 어떤 소재와 기법으로 만들지를 결정한다. 장인은 일의 과정을 결정한다. 장인의 일은 자신의 구상을 구체적인 가구로 만드는 일종의 예술적인 활동에 가깝다. 그에게 일은 바로 자신의 욕구를 실현하는 도구이다. 물론 장인 역시 작업의 결과를 평가받기 위해 그 가구를 시장으로 가지고 나가야 한다. 장인의 일 역시 쉬운 것은 아니지만, 그 일이 자신의 욕구와 분리되어 있지 않다. 인간은 자신이 원하는 일을 할 때, 그것이 힘든 줄 모른다.

오늘날 노동자의 노동은 어떤가? 어떤 일이 자신의 의지가 아닌 타인의 강요로 이루어질 때 상황은 달라진다. 그 경우 노동자는 노동을 통해 자신의 욕구를 경험하는 것이 아니라, 자신의 욕구를 유보한 채 타인의 욕구를 경험해야 한다. 노동자는 자신에게 어떤 지시를 내리고 명령하는 자본가의 욕구를 경험한다. 이런 노동과 욕구의 분리는 자본주의사회에서 확연하게 드러난다. 고도로 산업화한 자본주의 사회는 노동의 분업과 분화를 매개로 한다. 노동자는 전체 작업 과정의 일부분에 해당하는 일을 한다. 즉 일 전체의 과정은 모르고 다만 자신에게 주어진 일만을 반복한다.

예를 들어, '컨베이어 벨트'가 설치된 자동차 공장에서 일하는 노동자를 생각해 보라. 컨베이어 벨트는 자동차 생산의 공정단계를 세분화하고, 그 공정에서 기계화하기 어려운 부분을 노동자가 담당한다. 이제 노동자는 컨베이어 시스템이 필요로 하는 작업을 반복한다. 우리는 노동 생산성을 향상하는 반복적인 동작에 뛰어난 능력을 갖춘 이를 숙련공 혹은 작업의 달인이라 부른다. 분업은 인간의 일을 세분화하고 전문화하는 효율적인 도구이다. 컨베이어 시스템은 인간의 질문에 답하지 않는다.

이제 장인의 일은 노동자의 단순 노동으로 전락했다. 노동자의 노동은 시간이 갈수록 자신의 의지와는 상관없는 반복되는 무의미한 노동이 된다. 나아가 그 단순한 노동에 자신의 생존과 가족의 생계가 걸려 있다면, 궁극적으로 관심 없는 반복되는 노동에서 벗어날 수 없다. 이제 노동은 소비와 생존을 위한 수단이며, 그 이상의 의미를 지니지 않는다. 우리 삶이 무의미한 노동에 매인 꼴이 되며, 이런 노동을 통해서는 노동의 기쁨과 자기 고양은 있을 수 없다. 인간의 활동은 본래 이런 것일까?

마르크스는 자본주의하에서 노동자의 노동은 소외될 수밖에 없다고 본다. 그는 노동자의 노동이 겪을 수밖에 없는 상황을 네 가지 소외로 말한다. 그는 『파리 유고』에서 다음과 같이 말한다.

"우선 노동자는 자기가 노동해서 만든 물건을 마치 낯선 물건처럼 대하게 된다. 그가 생산한 물건이 자신에게 속하지 않고 오히려 노동자를 지배하고 나아가 그를 빈곤의 상황으로 내몰 뿐이다. 다음으로 노동 소외는 생산의 결과에서만 발생하는 것이 아니라 생산의 과정과 활동 자체에서도 생겨난다. 노동자는 자신의 노동을 단지 다른 욕구를 충족시키는 수단으로 볼 수밖에 없으므로 이러한 자신의 노동에 안도감을 느끼지 못한다. 이제 노동은 노동자의 의지에 반해 지시되는 활동이며, 노동자로부터 독립되어 있기에 노동자에게 귀속될 수 없다. 셋째, 소외된 노동은 인간을 다른 동료(인간)로부터 소외시키는 대로 나아간다. 본래 노동은 유적 생활, 생산적인 생활, 생명을 창조하는 생활이었지만, 이제 단순히 노동자의 개인적인 생활을 유지하는 수단으로 전락하여, 인간은 주변 동료들로부터 소원하게 된다. 마지막으로 자연 그 자체가 인간으로부터 소외된다. 이제 인간은 자신의 유기적 신체를 상실하게 된다."

★ 부조리한 세계의 상징, 시지프스

가로등 켜는 어른의 노동은 부조리한 인물의 상징인 '시지프스의 신화' 이야기를 떠올린다. 시지프스는 신을 속인 죄로 무서운 형벌을 받는다. 일련의 사건 가운데 하나는, 자신이 죽게 될 것을 알게 된 시지프스는 아내에게 자신이 죽으면 시신을 수습하여 장례를 치르지 말고 시신을 길거리에 그대로 내버려 두도록 한다. 지하 세계로 끌려가 하데스와 페르세포네 앞에 선 그는 지상에서 나뒹구는 자신의 시신을 가리키며, 지상으로 돌아가 시신을 내버려 둔 아내를 벌하고 돌아올 테니 잠시 시간을 달라고 부탁한다. 하데스는 그를 측은하게 여겨 지상으로 되돌려 보내지만, 시지프스는 처음부터 지하 세계로 되돌아갈 마음이 없었다.

시간이 지나도 시지프스가 지하 세계로 돌아오지 않자, 신들은 그를 잡아들여 타르타로스에 가두고 무서운 형벌을 내린다. 그 형벌은 큰 바위를 높은 바위산의 꼭대기로 올리는 것이다. 하지만 그 바위를 산꼭대기로 밀어 올리자 바로 산 아래로 다시 굴러떨어진다. 시지프스는 반복해서 끊임없이 바위를 산꼭대기로 밀어 올리는 형벌을 반복한다.

어쩌면 시지프스의 형벌은 현대인의 삶을 반영한다. 그가 힘들게 굴리는 바위는 인간의 노동이다. 현대인에게 노동은 삶의 수단이다. 노동 그 자체를 위해 태어나는 인간은 없다. 결국, 인간은 노동의 끝을 보고, 그 위에 자기 삶의 장을 세우려는 것이다. 힘든 노동이 끝나면 자신만의 삶, 자아실현의 기회가 가능하리라고 여긴다. 하지만 시지프스의 그 형벌은 끝이 보이지 않듯이, 인간 노동의 끝도 보이지 않는다. 오히려 더 힘든 노동의 기회가 우리를 기다리고 있을 뿐이다. 끝이 보이지 않는 노동! 그 노동의 끝은 어디일까?

우리는 이 신의 형벌에서 벗어날 수 없는 것일까? 시지프스는 부조리한 인간의 상징이면서 부조리한 인간의 승리를 함축한다. 시지프스는 신의 형벌에 당당히 맞선다. 신이 그에게 형벌을 내렸을 때, 시지프스가 절망하고 좌절하여 무기력한 초라한 인간으로 하루하루를 지옥처럼 살아갈 것으로 기대했을지 모른다. 하지만 시지프스의 '경련하는 얼굴, 바위에 밀착된 뺨, 진흙에 덮인 돌덩어리를 떠받치는 어깨와 그것을 고여 받치는 한쪽 다리, 돌을 뒤받아 안은 팔 끝, 흙투성이가 된 두 손등' 등이 온통 인간적인 확신으로 넘친다. 즉 시지프스

147

는 신들이 기대하는 대로 행동하지 않는다. 그는 끊임없이 바위가 굴러 내려가면 다시 끌어올린다. 신의 형벌에 맞섬으로써, 부조리한 인간의 승리 가능성을 지닌다. 그는 살아서도 죽어서도 신의 명령에 자신의 의지로 맞선다. 오히려 신의 형벌인 돌을 굴림으로써 자신의 존재감을 자각한다. 우리는 부조리한 명령을 거부할 수 있는가? 어른은 비인간적인 명령에 맹목적으로 따르고, 정의롭지 못한 권력자의 명령을 거부하지 못한다. 유일하게 가능한 길은 불합리한 명령 주체와의 관계를 단절하는 것이다.

지리학자의 별

어른의 학문, 과학

★ 세계와 단절된 학문

어린왕자가 여섯 번째 들른 별은 무지하게 커다란 책을 쓰고 있는 늙은 신사가 사는 별이다. 늙은 신사는 지리학자이다. 지리학자는 자신을 '바다와 강, 도시와 산, 그리고 사막이 어디에 있는지를 아는 사람'이라고 소개한다. 어린왕자는 지리학자의 별을 한번 휘 둘러보며 물었다.

"할아버지의 별은 참 아름답군요. 넓은 바다는 있나요?"

"잘 몰라." 지리학자가 답했다.

"그럼 산은 있나요?"

"난 몰라." 지리학자가 말했다.

"그럼 도시와 강과 사막은요?"

"그것도 알 수 없단다." 지리학자가 말했다.

"할아버지는 지리학자가 아닌가요!"

늙은 지리학자의 이미지는 대단히 충격적이다. 지리학자는 '바다와 강, 도시와 산, 그리고 사막이 어디에 있는지를 아는 사람'이다. 하지만 그는 자신의 별에 '바다와 강, 도시와 산, 그리고 사막이' 실제로 있는지조차 모른다. 그는 별의 지리를 연구하는 사람이지만, 자신의 연구 대상이 존재하는지 모른다. 그가 가진 학문적인 거창한 목표(큰 책)에 비하면, 연구 성과는 초라하다.

지리학은 가장 구체적인 것들을 연구하는 학문이지만, 그는 연구 현장으로 나가지 않는다. 그는 스스로 자기 자신을 격려한다. 그가 내세우는 학문의 이상은 높다. 하지만 그것을 위한 학문 활동을 수행하지 않는다. 그는 학자이지만 학문의 실천이 없는 학자이다. 그것은 학자의 자기기만이며, 삶과 단절된 학문의 양상을 반영한다. 이제 학문은 학문을 위한 학문으로 존재할 뿐이며, 현실과 현장으로부터 단절된 추상일 뿐이다. 그래서 그는 자신의 현장 연구를 대신할 탐험가를 기다린다.

어른의 세계에서 진리의 상징은 곧 과학이다. 그들이 생각하는 일차적인 학문 활동은 과학 활동이며, 과학은 어른의 학문이다. 과학의 의미는 과학자의 입장에 따라 조금씩 다르겠지만, 과학의 일차적인 활동은 사실을 확인이고 설명하는 것이다. 과학자가 사실을 확인하는 방법은 연구 대상(사물 혹은 현상)을 관찰하고 기록하는 것이다. 학자는 대상을 관찰하고 실험하며, 그 결과를 기록할 때, 자신의 연구 활동을 수행하는 것이다. 하지만 늙은 지리학자는 연구 활동의 현장으로 나가지 않는다. 그는 누구보다 지리적인 사실의 확인을 중요하게 생각하지만, 그 확인 활동에 참여하지 않는다. 그는 자신의 연구 대상인 세계에서

소외된 연구자이다. 그는 어떤 연구 성과도 내지 못한 채 슬프게도 나이만 먹었다.

"지리학자는 아주 중요한 사람이니까 느긋하게 나다닐 수 없다. 서재를 떠날 수 없단다. 대신 서재에서 탐험가들을 만나지. 그들에게 여러 가지 질문을 하고 그들의 기억을 기록하는 거야. 탐험가의 기억 중에 흥미로운 게 있으면 지리학자는 그 사람의 품행을 조사하지."

"그건 왜요?"

"탐험가가 거짓말을 하면 지리책에 큰 변동이 일어나니까. 탐험가가 술을 너무 마셔도 그렇지."

"그건 왜요?"

"왜냐하면, 술에 취한 사람은 모든 것을 둘로 본다. 그러면 지리학자는 산

하나를 두 개로 기록할지도 모르잖아."

늙은 지리학자는 연구 대상을 직접 관찰하지 않고 그 역할을 탐험가에게 위임한다. 자신은 아주 중요한 사람이기 때문에 오직 서재에서 탐험가를 기다린다. 찾아오는 탐험가에게 할 여러 가지 질문을 준비한다. 그리고 탐험가의 품행에서 자신의 연구와 결과에 대한 적절함을 찾는다. 그는 자신이 직접 탐험가가 되려고 하지 않기 때문에, 기록의 객관성을 자신에게 정보를 제공하는 탐험가의 품성에 의존하게 된다. 그는 관찰의 역할을 탐험가의 기억으로 대체함으로써, 연구 대상을 직접 관찰해야 할 필요를 느끼지 않는다. 그는 연구 대상에 대한 관찰을 포기한 연구자이다. 수많은 탐험가를 필요로 하지만, 그를 찾는 탐험가는 없다. 그리고 그가 작성하려는 지리책은 여전히 빈 페이지로 남아 있다.

★ 영원하고 변하지 않는 것

지리학자는 자신의 별을 찾은 어린왕자를 탐험가라고 부른다. 그는 어린왕자가 사는 별에 관해 이야기해 달라고 한다.

"아, 내 별은 별로 흥미로운 게 없어요. 아주 작으니까요. 화산이 세 개 있어요. 불을 뿜는 두 개의 화산과 불이 꺼진 화산 하나요. 하지만 언제 어떻게 될지 몰라요."
"그래, 언제 어떻게 될지 알 수 없지." 지리학자가 말했다.
"제게는 한 송이 꽃도 있어요."

"우리는 꽃은 기록하지 않는단다." 지리학자가 말했다.

"왜요? 그게 더 예쁜데요!"

"꽃은 일시적인 존재니까."

"일시적인 존재가 뭐예요?"

"지리책은 모든 책 중에 가장 중요한 책이야. 지리책은 유행에 뒤지는 법이 없단다. 산이 위치를 바꾸는 일은 매우 드물거든. 바닷물이 말라 버리는 일도 매우 드물고. 우리는 영원한 것들을 기록한단다."

　

지리학자는 지리책에 일시적인 존재가 아니라 영원한 것을 기록한다. 변하지 않는 영원한 것을 기록하려는 꿈은 근대 과학이 추구해 온 학문의 목표이다. 근대 이후 과학은 탐구 영역을 보다 세분화하여 다루는 개별학문 영역으로 분화된다. 그 영역에서 누구에게나 타당한 객관적이며 확실한 것을 추구한다. 이러한 학문 이념은 우리가 경험하는 사물과 자연, 사회에는 변하지 않는 보편적인 질서 혹은 원리들이 있다는 생각에서 성립한다. 과학자는 사물과 자연, 사회의 질서가 존재한다고 믿으며, 그런 질서를 하나 혹은 그 이상의 원리와 법칙으로 환원하여 설명한다. 근대 과학은 개별적이며 우연적인 현상에 주목하기보다는 그 현상을 지배하는 원리와 법칙에 주목하고, 그 원리와 법칙이 진정한 연구 대상이다. 나아가 그 원리와 법칙은 추상적인 수학적 기호나 개념으로 표현되고, 수학적인 질서로 정립된다. 이것이 근대 실증과학의 이념이다.

물이란 무엇인가? 과학자들은 구체적이며 우연적인 물의 특성을 연구하지 않는다. 물은 어디에서 어떤 상태로 존재하든지, 같은 화학적 구조를 지니며,

그것이 바로 물의 본질이다. 즉 물의 화학적 구조는 H_2O이다. 이런 화학적 구조는 근대 화학이 찾는 진정한 연구 대상이다. 근대 과학은 단순히 자연 세계를 설명하는 것으로 만족하지 않고, 그 방법의 적용 범위를 확대해 왔다. 그것이 바로 학문의 객관성을 담보하는 방법이라고 생각한다. 이것이 근대 과학이 추구하는 실증주의적 태도의 한 단면이다. 이것은 감각의 눈으로 세계를 설명하는 과학의 위대한 성취이다. 어른은 위대한 성취로 여기는 과학을 맹목적으로 신뢰하며 추종한다. 과학은 감각의 눈을 가진 어른의 종교이다. 신앙인은 자신들이 믿는 교리로 세상을 본다. 과학자 역시 마찬가지이다.

★ 절대적이며 일회적인 삶

근대 과학은 수학적 기호로 표현할 수 있는 객관적이며 보편적인 세계를 '발견'했다. 하지만 근대 과학자는 자신들의 발견을 위해, 인간과 세계의 관계를 단절시킨다. 그들은 세계를 그 자체로서 고유하게 연구한다. 그런 세계는 인간과 상관없이 그 자체로 존재하는 세계이다. 그것은 인간의 경험과 이해와는 상관없는 순수한 세계이다. 그런 세계는 이미 수학적으로 추상화된 세계이며, 이념의 옷을 걸친 세계이다.

사실 과학자는 그런 세계를 탐구하는 학자이기 이전에 한 사람의 생활인이며, 그런 탐구 활동 역시 우리가 생활하는 세계 내 특수한 학문 공동체에서 이루어진다. 일상적인 생활세계 속에서 물은 추상화된 화학적 기호가 아니다. 목이 말라 갈증을 느낀다면, 물은 달콤한 생명수이다. 농부에게 물은 농사를 짓는 농업용수이고, 공장의 사장에게 물은 기계를 돌리고 열을 식히는 공업용수이다.

물은 인간과의 관계에서 그 자체 다양한 존재 모습을 지니고 있다. 생활세계에서 만나는 사물은 인간과의 관계 속에서 도구로서의 다양한 성격을 지닌다.

근대 과학은 바로 우리 삶이 지닌 자연 혹은 세계와 관계하는 방식 자체를 사상하거나 은폐시켜 버렸다. 근대 과학은 인간이 세계와 관계하는 방식, 그 방식에서 드러난 그때그때 우리에게 타당하게 세계의 지평을 은폐시켜 버렸다. 근대 학문의 대변인 자연과학은 자신의 의미기반인 생활세계를 망각한다. 후설은 『유럽학문의 위기와 선험적 현상학』에서, 근대 수학적 자연과학을 개척한 선구자인 갈릴레이를 일러 다음과 같이 말한다.

"갈릴레이는 '발견의 천재인 동시에 은폐의 천재'이다."

근대 과학의 설립자들은 늙은 지리학자와 같이 영원히 불변하는 세계를 발견하지만, 자신이 생활하는 그 세계조차 설명할 수 없다. 영원히 불변하는 수학적 세계를 응시하는 눈은 바람결에 흔들리는 한 떨기 백합도 보지 못하고, 자신의 볼을 스치는 바람조차 느끼지 못한다. 그들의 눈은 주인에게 꼬리 치는 강아지도, 자기에게 미소 짓는 귀여운 자식의 표정도 담지 못한다. 이 세계는 말 그대로 그때그때 우리에게 드러나는 절대적(유일한)이며, 일회적인 세계이다. 나아가 그 세계는 매 순간 인간에게 드러난 세계이며, 인간에 대하여 있는 세계이다. 과학적 사고에 길든 어른은 세상에 대항할 무기라고는 네 개의 가시밖에 없는 자기별의 장미꽃을 걱정하는 어린왕자를 이해할 눈이 없다.

지구별 여행

지구별

어른의 세계

★ 지구별, 어른의 세계

　　어린왕자는 자신의 여행에서 일곱 번째 별 지구를 찾는
다. 어린왕자는 지구별에 도착하지만, 지구별에 대해 아직 잘 모른다. 지구별은
어린왕자가 여행을 통해 겪은 다른 별과는 비교되지 않는 어마어마한 별이다.
지구별은 어린왕자가 여행을 통해 거쳐 온 다른 별에 비해 규모도 클 뿐 아니
라 수많은 어른이 사는 별이다.

　지구는 그렇게 시시한 보통 별이 아니다. 지구별은 백열한 명의 왕과 칠천
명의 지리학자, 구십만 명의 실업가, 칠백오십만 명의 술꾼, 삼억천백만 명의
허영심 많은 사람, 즉 약 이십억쯤 되는 어른이 산다.
　전기가 발명되기 전, 여섯 대륙에는 사십육만이천오백십일 명의 가로등 켜
는 사람이 있었다는 이야기를 듣는다면 여러분은 지구가 얼마나 큰지 짐작할
것이다.

지구별은 여섯 개의 대륙으로 된 어마어마하게 큰 별이다. 그 대륙을 모두 다닌다고 지구별을 이해하는 것은 아니다. 지구별은 20억 쯤 되는 어른이 사는 별이다. 지구별은 바로 이 어른들의 삶의 방식과 논리가 지배하는 곳이다. 잠시 지구별 어른의 세계를 들여다보자. 지구별은 어린왕자가 여행하며 만난 어른의 삶을 닮았으며 그런 어른들의 세계이다. 어른은 자신의 세계인 지구별에 대해 무관심하겠지만, 자신이 발 딛고 사는 지구별의 실상을 알 필요가 있다.

권력을 지향하는 어른의 세계

우선 지구별에는 백열한 명의 왕이 존재한다. 많은 어른은 왕처럼 살기를 바란다. 왕은 권력을 지향하는 어른의 다른 이름이다. 이 권력은 인간의 사회적 관계, 조직 속에서 다양한 방식으로 표출된다. 하지만 그 기본 작동 원리는 지배와 예속, 명령과 복종의 메커니즘이다. 권력은 인간을 명령 전문가와 복종 전문가로 만든다. 이 메커니즘은 이제 자신의 영역을 넘어 인간 삶의 전면으로 확대된다. 지구별 어른은 지배하고 명령함으로써, 그 권력을 통해 자신의 존재를 드러내고 과시한다.

허영심 많은 어른의 세계

지구별에는 삼억천백만 명의 허영심 많은 어른이 산다. 그 어른은 명품 가방과 옷으로 치장하고, 많은 시간을 들여 외모를 가꾸고 자신이 멋쟁이임을 과시한다. 그리고 멋있는 차를 몰고, 큰 평수의 아파트를 가진 부자임을 자랑하고 싶어 한다. 그들은 자신이 소유하고 있는 것에 더 관심이 많다. 이 어른은 자기 존재를 그 자신이 아닌 부수적인 장식품을 통해 인정받고자 한다. 그들은 상대방이 가진 것을 볼 뿐 어떤 인물의 사람인지 보지 않는다. 어른은 자신의 존재를 표현하는 다양한 방법을 고민하기보다는 감각의 눈에 보이는 것으로 만족한다. 그런 어른은 자기 잘난 맛에 사는 자아도취형 인물이다.

삶의 의미를 상실한 어른의 세계

지구별은 칠백오십만 명의 술꾼이 사는 별이다. 술꾼은 술로 세월을 보낸다. 그것이 부끄러운 일인 줄 알지만, 다른 것을 찾지 않는다. 그는 삶의 의미를 상실하고 방황하는 어른의 상징이다. 어른의 무력감은 정치적·경제적·사회적 문제에 대해 더는 아무런 영향력을 미칠 수 없다는 말로 표현된다. 술꾼은 매 순간 술병 아니면 술잔을 들고 있기에 연대의 손을 내밀지 않는다. 그는 무력감에 지쳐 자포자기한 어른이다. 그래서 부끄러운 일인 줄 알면서도, 술을 마시며 자신의 현실을 외면하고 살아가는 어른의 상징이다.

부의 축적과 관리에 눈먼 어른의 세계

지구별은 구십만명의 실업가의 별이다. 실업가는 삶의 유일한 목적이 더 많은 소유를 위해 사는 어른의 상징이다. 인간은 소유를 떠나서 살 수 없지만, 소유 자체가 곧 삶의 목적일 수는 없다. 우리에게 보다 의미 있는 것은 그 소유로 말미암아 우리가 얻을 삶의 혜택, 경험이다. 우리가 좋은 책상을 많이 소유하고 관리하는 것 보다, 더 가치 있고 의미 있는 것은 그곳에 앉아 책을 읽고, 일기를 쓰며, 지적 세계를 넓혀 가는 활동이다. 그는 소유를 위해 살 뿐, 더 가치 있고 아름다운 것을 보지 않는다. 지구별은 자본의 무한 증식과 추구에 미친 수 많은 어른의 세계이다.

무의미한 노동을 되풀이하는 어른의 세계

지구별의 여섯 대륙에는 전기가 발명되기 전 수 많은 가로등 켜는 사람이 있었다. 가로등 켜는 어른은 무의미한 노동을 반복할 수밖에 없는 어른의 자화상이다. 인간이 도구를 이용하여 자신이 원하는 것을 생산하는 시대는 지났다. 이제 인간은 기술의 주인이 아니라, 기술의 노예이다. 인간은 거대한 공장 기계, 사회 기계 속에서 그 기계의 한 노동을 대신하는 인간 기계로 변했다. 인간의 노동이 자신의 욕구를 배신할 때, 그 노동은 소외된 노동이다. 어른은 소외된 노동으로 자신의 삶을 채워 가는 소외된 인간이다. 소외된 어른은 또 다른 소외된 어른과 살아간다. 그들은 소외된 인간이다.

세계와 소통하지 않는 늙은 학자들의 세계

지구별은 칠천 명의 늙은 지리학자의 별이다. 앎은 인간과 세계의 소통 방식이다. 늙은 지리학자는 자신이 아주 중요한 사람이라고 말하지만, 더는 자신의 연구 대상과 소통하지 않는다. 그는 자신의 연구 대상을 찾아 나서지 않고, 관계하지 않는다. 그들은 지식 공장(대학)이라는 울타리 안에서 세계를 바라볼 뿐이며, 세상과 소통할 수 없는 언어와 지식을 만드는 학자들이다. 그들의 연구는 죽은 지식의 무덤인 도서관으로 향하고, 그 도서관의 책들이 늘어 갈 때 흐뭇한 미소를 띤다.

지구별은 어른의 별이다. 어른만이 사는 것은 아니지만, 어른의 삶의 방식과 논리가 지배하는 곳이다. 그래서 지구별은 어른의 세계이다. 지구별의 속사정을 모르는 사람들에게는 대단히 흥미롭고 재미있을 것 같은 곳이다. 하지만 지구별의 어른은 많은 사람과 더불어 있으면서도 항상 고독하고 외로운 이들이다. 그들은 자신의 삶을 문제 삼지 않고, 삶의 이해를 시도하지 않는다. 그들은 자신에게 주어진 삶을 반성 없이 수용하며 살아갈 뿐, 그 삶을 지탱하는 데 필요한 상식과 지식만을 알고, 알려고 한다. 그들은 자신의 삶과 그 의미를 생각하지 않으며, 또 그렇게 해야 할 필요도 느끼지 않는다. 그저 그날그날을 살아가는 데 바쁘다. 이처럼 주어진 세계에 몰입하여 하루하루를 살아가는 사람을 일상인 흔히 세인이라 부른다. 그래서 일상인은 자신의 삶에 경고음이 울려도 위기로 느끼지 못한다. 어린왕자가 여행을 하며 만난 어른은 지구별 어른의 세계를 대변하며, 그 세계의 논리를 상징한다. 즉 그들은 다름 아닌 지구별 어른의 삶과 그 논리의 다른 이름일 뿐이다.

★ 일상성과 퇴락의 삶

어린왕자는 지구별에서 다른 사람을 만나지 못했다. 여행 중 만난 한 어른의 설명을 통해 지구별 어른의 삶의 세계와 그 논리를 짐작할 뿐이다. 그가 목격한 지구별 어른의 세계와 그 삶의 현실은 근대 이후 인간이 걸어온 삶의 여정을 반영한다. 어른의 세계는 당분간 우리가 태어나기 전부터 혹은 우리가 죽은 후에도 존립해 있을 삶의 터전이며, 삶의 현실이다. 이 세계는 어른의 삶의 결정체이며, 어른이 발 딛고 살아가는 일상성의 세계이다. 만약 한 아이가 지구별에서 태어난다면, 그가 만나는 삶의 현장이며 미리 주어진 토대이다. 일상성의 세계는 우리가 선택한 것이 아니라는 점에서, 우리는 그 세계에 내던져진 존재이며, 이 세계는 우리가 회피할 수 없는 매 순간 마주해야 하는 세계이다. 아이는 어른의 세계에서 태어나 어른의 삶의 방식을 배우고, 그것을 내면화하며, 또 한 사람의 어른이 되기 위한 과정을 밟는다. 지구별 어른의 여섯 가지 삶의 방식, 일상성은 아이의 삶의 방식, 모델이 된다. 우리는 지구별 아이의 미래를 짐작할 수 있다.

지구별 어른은 기존의 사회적 질서와 개인적 삶의 방식을 수용하고 그 속에서 자신의 존재를 확인하며 살아간다. 그는 퇴락의 삶을 사는 것이다. 퇴락은 나쁘다는 부정적인 의미가 아니라, 단지 어른이 열어 놓은 혹은 세인들이 닦아 놓은 삶의 질서대로 살아간다는 뜻이다. 예를 들어, 어른이 마련해 놓은 교육과정을 생각해 보라. 이 교육과정은 이미 어른이 지나온 삶의 과정이며, 그 흔적이고 찌꺼기이다. 아이가 그 과정을 되밟아 가는 것은 어른의 삶의 흔적을 자신의 삶에 뿌리내리며, 나아가 자기 삶의 터전으로 수용하는 것이다. 이렇게 시간이 지나면 세상의 논리(어른 세계의 논리)는 나의 삶의 논리가 되고, 당신의 삶의 논리가 된다. 대부분 사람은 자기에게 주어진 세상의 논리대로 살아가며, 그 삶을 퇴락의 삶이라고 부른다. 이것은 도덕적 비난을 담고 있는 평가적인 개념이 아니다. 단지 한 개인이 선택과 결단으로 열어 낸 본래적인 삶의 방식이 아니며, 한 개인의 고유한 삶을 담고 있지 않다는 뜻이다.

★ 선구적 결단

세인은 세상의 논리를 자기 삶의 논리로 받아들이고, 그 일상 속의 사람으로 살아간다. 이 길 외에 다른 길은 없는가? 우리는 일상적인 세속의 논리 속에서 자신이 선택한 방식으로 살 수 있을까? 현재 어른의 세계가 한 시기의 어른이 새롭게 열어 낸 세계라면, 아이도 그 세계 위에서 자신의 세계를 열어 낼 수 있다. 그것은 이미 주어진 어른의 세계를 완전히 부정하는 것이 아니다. 다른 삶의 선택을 통해, 기존 어른의 세계를 재구성하는 것이다. 이것을 '선구적 결단'이라 부른다.

예를 들어, 레고 게임을 생각해 보자. 상자 속에는 다양한 블록이 들어 있다. 블록은 아이가 가지고 놀 물리적 환경이다. 대개 아이는 상자 속에 있는 설계도(세계의 논리)에 따라 집을 짓고 기차를 만든다. 즉 기존 어른 세계의 논리를 자기 삶의 논리로 수용하여 사는 것이다. 기존의 설계도로 다양한 많은 작품을 만들어 보면, 이제 레고 게임은 재미가 없어지거나 싫증이 난다. 이때 아이는 자신의 상상력을 발휘하여 그 블록을 이리저리 조립하여 자신만의 작품을 만든다. 우리의 삶은 이미 주어진 토대(물리적 환경, 블록)를 완전히 벗어날 수 없고, 그 토대 위에서 가능한 세계(기존 설계도 및 작품)들 역시 결정되어 있다. 하지만 우리는 기존의 논리가 싫증 날 때, 새로운 방법으로 새로운 게임을 만들어 낸다. 우리는 새로운 방법과 논리로 주어진 세계를 재구성하고, 새로운 세계를 열 수 있다. 우리는 지구별 어른의 세계를 부정할 수 없지만, 여전히 자신만의 삶의 논리를 선택하고 결단하며 살 수 있다. 설령 어른은 여러분의 발목을 잡을지 모르겠지만 말이다.

뱀

외로운 별, 지구

★ 큰 별 지구, 한 모퉁이 사막

어린왕자는 6개의 소혹성을 여행하며, 각자 이상한 삶의 방식을 지닌 어른을 만난다. 그는 아직 어떤 해답도 얻지 못했다. 하지만 여행을 후회하게 만드는 상황, 자기별의 꽃은 일시적인 존재이기에 어찌 될지 모른다는 사실을 알게 된다. 꽃과의 불화를 해결하기 위한 어떤 방법도 구하지 못한 채 자기 별로 돌아가야 할까? 어린왕자는 결정해야 한다. 그는 용기를 내어 지구별을 찾는다. 어린왕자가 지구별에 도착하지만, 사람은 한 명도 보이지 않는다. 다른 별로 찾아온 것은 아닌지 겁이 났을 정도이다. 그가 도착한 곳은 큰 별 지구의 한 모퉁이 사막이다. 그때 어린왕자를 맞이한 것은 뱀이다.

"안녕." 어린왕자가 급하게 말했다.
"안녕." 뱀이 말했다.

"지금 이곳은 무슨 별이죠?" 어린왕자가 물었다.

"지구야. 아프리카지." 뱀이 답했다.

"그래요…! 그럼 지구에는 아무도 없나요?"

"여기는 사막이야. 사막에는 아무도 없어. 지구는 커다랗거든." 뱀이 말했다.

어린왕자는 사막에 '혼자 있는 것'이 외로웠다. 어린왕자는 아직 지구별 어른이 사는 삶의 논리를 잘 모른다. 인간이 단지 혼자 있어 외로운 것이라면, 그러한 외로움은 다른 사람들과 함께 있으면 곧 사라진다. 하지만 진정 문제는 우리가 다른 사람들 사이에 있어도 외롭다는 사실이다. 외로움은 단순히 물리적인 공간의 가까움으로 메울 수 있는 것이 아니다. 지구별 어른은 도시라는 삶의 공간 속에서 수많은 대중 사이에 있으면서도 여전히 외롭고 고독한 삶을 산다. 외로움은 지구별 어른의 세계에서 흔히 만나는 삶의 함정이다.

"사람들은 어디에 있죠? 사막에서는 조금 외롭군요…." 어린왕자가 마침내 다시 입을 열었다.

"사람들 가운데 있어도 외롭기는 마찬가지야." 뱀이 말했다.

어린왕자는 그를 한참 바라보았다.

뱀은 말한다. 인간은 다른 사람과 더불어 있어도 외롭다. 뱀은 알고 있다. 그가 지구별 어른을 만나 느낄 감정의 결과를 이미 알고 있다. 어른은 다른 사람들과 더불어 같은 공간(도시 혹은 마을)에서 무리를 지어 살지만, 여전히 외롭다. 지구별 어른은 하나의 거대한 무리, 대중을 이루며 살지만, 그 속에서 개인은 홀로된 감정, 고립된 심정, 외로움을 느낀다. 그저 그렇게 살아갈 뿐이다. 어린왕자는 아직 지구별 어른 세계의 외로움과 고독감을 모른다. 뱀은 어른 세계의 불편한 진실을 말하고 있다. 지구별 어른은 거대한 군중을 이루는 한 파편이다. 그들은 혼자 떨어져 있는 시간이 없으면서도, 외로움에 지치고 무력하다. 지구별 어른

은 누군가와 관계한다는 것, 더불어 산다는 것에 서툰 존재이다. 지구별 어른의
외로움은 어디에서 오는가? 우선 어른의 삶의 공간인 도시부터 살펴보자.

★ 어른의 삶의 공간, 도시

어른은 도시 혹은 마을에 모여 산다. 도시와 마을이 어른의 삶의 공간이며 그들의 세계이다. 그들은 도시와 마을의 삶을 긍정하고, 도시와 마을의 논리를 내면화한다. 먼저, 도시라는 삶의 공간이 어떻게 구축되는지 살펴보자. 인간은 도시라는 삶의 공간을 만들기 위해 끊임없이 자연을 손질한다. 자연은 인간의 의지에 따라 그 얼굴이 변형되고 바뀐다. 이제 자연은 그 자신의 얼굴이 아니라, 인간의 얼굴을 담은 자연이 된다. 도시는 인간이 자연과의 관계에서 자신들을 위해 마련한 공간, 즉 변형된 자연이며 문화적 공간이다. 그 문화적 공간에는 인간의 삶을 위한 수많은 시설이 들어선다.

어른은 처음에는 걸어 다녔지만, 이제 자전거, 전차, 버스, 지하철 등으로 이동한다. 이제 인간은 한 지역에서만 살지 못하고, 여러 지역으로 옮겨 다닌다. 그래서 지역과 지역을 연결하는 도로를 내고, 교통수단이 발달한다. 도시를 유지하기 위해서는 물이 필요하다. 이를 위해 어른은 매번 새로운 수원을 찾아내고, 그 물을 정화 처리하는 공장과 시설물을 세운다. 이제 도시는 물이 끊기면 며칠도 버티지 못하는 곳이 되었다. 어른은 나름대로 깨끗한 도시를 유지하기 위해 쓰레기를 모으고 폐기하며, 오염된 물을 처리하기 위한 하수구 시설을 만든다.

어른은 낮 동안의 햇빛에 만족하지 않고, 24시간 자신들의 공간을 밝힐 전기를 생산하고, 그것을 도시 곳곳으로 보낸다. 이제 전기는 어둠 속에 잠긴 거리를 비추고, 빛은 도시의 새로운 분위기를 조성한다. 이 외에도 어른은 도시에 의사소통을 위한 통신망을 설치하고, 대량으로 에너지를 소비하기 위한 난방 시스템을 구축한다. 어른은 도시의 삶에 필요한 수많은 기반 시설을 촘촘히 구축한다. 이러한 시설은 도시의 하드웨어일 뿐이다. 이제 도시는 어른의 가장 좋은 보금자리이다. 더 많은 사람이 이 보금자리를 향해 몰려들고, 도시의 삶에 길든다.

어른은 이제 도심 속에 자신의 욕구를 실현하기 위한 공간을 만든다. 즉 일차적으로 생존에 필요한 시설뿐만 아니라, 문화적인 삶을 누리기 위한 공간을 건설한다. 도시는 더는 자급자족하는 공간이 아니다. 사람들은 생활에 필요한 소비재를 시장이나 마트에서 구매한다. 나아가 어른은 다른 사람들이 갖지 못한 물건이나 상품을 통해 자신의 신분과 가치를 인정받고자 한다. 어른의 그런 욕구는 자신들만의 소비 공간을 만든다. 그것이 백화점이다. 어른은 능력이 되지 않아도 할인 광고가 붙으면 아침부터 줄을 서고, 능력이 되는 사람이면 제 값보다 몇 배 비싼 제품을 소비하는 단골이 된다.

어른은 자신들의 취미 생활 및 기분 전환을 위한 경기장 및 운동 시설을 만든다. 어른은 축구와 야구에 열광하고, 자전거로 강변을 달리고, 작은 골프공을 맞추기 위해 골프채를 휘두른다. 어떤 어른은 운동을 자신의 직업으로 삼고, 그것을 통해 스타를 꿈꾼다. 도시는 끊임없는 욕구의 생산과 소비가 이루어지는 공간이다. 어른은 자신들의 문화적인 욕구 실현을 위해 하루의 많은 시간을 각자 자신들의 생산 영역에서 일한다. 어른은 생산의 영역에서 일해야만, 소비와 문화생활을 누릴 수 있다. 여하튼 어른의 소비활동과 문화생활은 자신의 재미와 즐거움을 위한 것이며, 그것이 곧 그들의 삶의 수준이며, 그들의 일상이 된다. 어른은 생산과 소비의 영역을 오가며 살아가고, 그것이 그들의 삶의 사이클이다. 많은 어른은 이미 도시의 삶에 익숙해진 사람들이다.

어른은 자신들이 구축한 도시와 그 삶의 조건에 대단한 자부심을 가질지 모른다. 그리고 그런 도시를 설계하고 삶의 공간을 만드는 자신들의 능력에 감탄을 금하지 못한다. 도시는 어쩌면 소수의 어른에게는 지상낙원이다. 하지만 도시는 잠들지 않는다. 멈추지 않는다. 도시는 이제 하나의 생명체처럼 그 자신을 유지하려는 논리와 힘을 가지고 주변으로 확장된다. 도시를 만들고 움직이는 데 수많은 사람의 손길이 필요하다. 이제 인간은 도시가 요구하는 삶, 그에 필요한 기능과 지식을 배워야 하고 일해야 한다. 도시는 끊임없이 변화하고, 사람들에게 새로운 일을 요구한다. 시장과 도시계획가, 자본가와 시행사, 건축가와 기술자, 건설업자와 노동자 등. 인간은 그 일을 통해 자신의 생존을 유지하기 때문에, 그 일자리를 떠날 수 없다. 역으로 그 일자리마저 없는 사람은 생계를 걱정해야 한다.

이처럼 어른은 도시의 삶이 주는 안락함과 편안함에 빠져, 도시를 벗어나야 할 이유도 없고, 그 도시를 문제 삼아야 할 이유도 없다. 그냥 살면 된다. 그것이 어른의 삶이다. 이 거대한 도시 생명체는 자체의 생존 법칙에 따라 수많은 일을 만들고, 인간은 그 일을 통해 자신의 삶을 이어 간다. 어린왕자가 여행의 과정에서 만나는 어른은 바로 도시와 도시의 논리가 지배하는 세계 속의 어른이다. 어떤 어른은 대통령이나 총리(혹은 왕), 연예인(허영이), 술꾼(현실도피자), 실업가(자본가), 가로등 켜는 사람(노동자), 지리학자(지식인) 등의 역할을 하며 산다. 우리가 도시의 삶을 살기 위해서는 도시의 논리를 내화하고 배워야 한다. 이것이 도시 속 어른의 삶이다.

★ 지구별 어른의 외로움

어린왕자가 도착한 곳은 지구의 사막이다. 그곳에는 아무도 없다. 사막은 어른이 찾지 않는 공간이다. 어른의 생활공간은 도시(마을)이다. 사막은 도시의 경계 밖에 있으며, 어른의 세계와 그 논리가 미치지 않는 땅이다. 어린왕자는 평판이 좋다는 지구에서 누군가를 만나 무엇인가를 배울 수 있기를 기대했다. 하지만 어린왕자는 아직 지구가 어떤 삶의 논리를 가진 곳인지 모른다. 지구는 어린왕자가 '이상하다'고 여긴 어른의 별이다. 어른은 무리를 지어 도시에 모여 살지만 다들 외롭다.

도시라는 삶의 공간 속에서 어른은 어떤 가치에 뿌리를 내리고 살아가는가? 어른은 개인의 자유를 이념으로 하여 형성된 개인주의를 자신들의 문명 최고의 업적으로 여긴다. 어른은 말한다. 우리는 인류의 역사에서 가장 위대한 문명을 성취했다. 인간은 스스로 자신들의 삶의 방식을 선택하고 결단하고 살아갈 수 있다. 인간은 어떤 인생관이나 세계관으로 살아갈지 각자 자신들의 양심에 따라 판단한다. 우리는 각자 자기 삶의 방식을 결정할 수 있는 권리를 지닌 위대한 세계를 만들었다. 우리는 각자 자신이 원하는 삶을, 각자가 원하는 방식으로 살아가는 자유로운 세계를 만들었다. 어른은 누구나 이 문명의 혜택을 누리며, 이 문명의 성과에 도취하여 산다.

어른의 위대한 문명의 성취는 왜 그렇게 슬픈 것일까? 많은 사상가는 어른의 세계가 지닌 자화상을 슬픈 어조로 경고한다. 그들은 진정 중요한 무엇인가를 잃어버린 세계에서, 이런저런 자질구레한 세속적 가치나 쾌락을 추구하는 어른을 비판한다. 어른은 진정 중요한 것을 추구해야 할 열정조차 상실한 인간이다. 어른은 삶의 열정을 세속적인 가치나 쾌락의 추구로 대체한다. 어른은 자신이 성취한 문명에 만족하며, 더 이상의 자기 발전이나 더 나은 가치를 추구하지 않는다. 아니 그런 내적 동기조차 상실한 고민이 없는 사회이다. 어른은 현세계에 머물러 살 수밖에 없는 '최후의 인간'이다. 그들은 각자 자신이 선택한 삶의 방식으로 살아가는 주체, 삶의 주인이라고 착각한다. 어른은 이미 주객이 전도된 사실을 모른다. 어른의 세계를 구축한 도구적 이성은 전 방위로 확대되고, 우리의 삶을 구속한다. 어른은 아직 자신들의 도구화된 삶을 보지 못한다.

어른은 빛나는 개인주의의 깃발 아래 슬픈 자화상을 짓고 있다. 어른의 세계를 움직이는 강력한 사상적 무기는 상대주의이다. 이미 말한 것처럼, 개인주의는 각 개인의 삶과 가치를 그 스스로 결정한다는 선언이다. 자기 자신 이외에 누구도 그 개인의 결정에 개입할 수 없고, 개입해서도 안 된다. 어른은 누군가의 간섭을 받기 싫어하기 때문에 매우 친숙한 삶의 태도이다. 상대주의는 사실 서로의 삶과 가치를 상호 존중하고 인정하는 긍정적인 삶의 태도이다. 어른은 상대주의를 전혀 다른 방식으로 해석한다. 상대주의는 개인적인 차원을 넘어서는 더욱더 중요한 문제, 가치, 의미를 제거하고, 그런 사실을 더는 의식하지 못하도록 만들었다. 어른의 세계에서 유일한 실체는 개인이다. 그들에게 '우리'라는 말은 추상이며, '공동체 혹은 사회'라는 말은 가상이다.

사실 모든 것이 상대적일 수밖에 없다고 확신하면 할수록, 현재의 우리 삶을 반성하고, 대안을 추구할 기회를 상실한다. 상대주의는 우리의 삶의 시야를 바로 자기 자신, 즉 개인에 초점을 맞추도록 한다. 모든 것이 상대적인 것이라면, 이제 자신들의 삶과 세계를 반성하거나 논의할 필요가 없다. 어른은 이미 모든 것의 답을 알고 있으며, 더 이상의 논의를 위한 지식이 필요하지 않고, 더 심도 있는 관점이나 지혜를 구할 필요가 없다. 상대주의로 무장한 영혼은 더는 다른 영혼과 대화할 필요가 없다. 그것은 자신의 주변과 자신의 사소한 세속적 가치만을 비추는 천박한 거울이다. 어른은 다른 사람과 관계하는 방식, 유기적인 연대 속에서 살아가는 방식을 배우지 않는다. 어린왕자가 사막에서 처음 만난 뱀은 이미 그 사실을 알고 있으며, 이러한 사실을 일러 준다. "사람들 가운데 있어도 외롭기는 마찬가지야." 대중사회에서 각자 수많은 다른 사람들 틈에 끼어 있지만 늘 고립된 파편처럼 외로울 수밖에 없다.

★ 결단의 시간, 침묵

어린왕자는 지구의 사막에서 뱀을 처음 만난다. 뱀은 어쩌면 손가락처럼 가느다랗게 생긴 볼품없는 존재이다. 그는 어린왕자의 생각과는 달리 특별한 능력이 있다. 중요한 것은 뱀의 외모가 아니다.

"너는 아주 흥미롭게 생겼구나. 손가락같이 가느다랗고…." 그가 말했다.

"그래도 나는 왕의 손가락보다 더 힘이 세단다." 뱀이 말했다.

어린왕자는 미소를 지었다.

"그렇게 힘이 세 보이지 않는데 … 발도 없고 … 여행도 할 수 없잖아…."

"나는 너를 배보다 더 먼 곳으로 보낼 수 있어." 뱀이 말했다.

…

"네가 가엾어 보이는구나. 무척 연약한 몸으로 이 돌멩이 투성이 지구에 있으니. 너의 별이 몹시 그리울 때면 언제나 내가 너를 도와줄 수 있을 거야. 난…."

"응! 잘 알았어. 그런데 너는 왜 그렇게 언제나 수수께끼 같은 말만 하니?"

"나는 그 모든 걸 해결할 수 있어." 뱀이 말했다.

그들은 침묵을 지켰다.

뱀은 어른 세계의 외로움을 알고 있고, 삭막한 삶의 환경을 이해하고 있다. 어린왕자가 원한다면 언제고 도와줄 수 있다고 말한다. 어쩌면 뱀은 사막의 현자, 인생 문제의 해결자인지 모른다. 어린왕자가 자신의 별로 돌아간다면, 그곳은 새롭게 출발해야 하는 삶의 장이다. 지금까지의 여행을 통해 배운 것은 사실 어른의 삶과 논리의 슬픈 자화상이다. 뱀은 여행의 마무리를 장식하는 존재이며, 나아가 새로운 삶의 출발을 제시하는 존재이다. 어린왕자는 아직 뱀의 말을 잘 이해하지 못한다.

어린왕자는 자신의 별로 돌아가야 할까? 아니면 지구별을 더 여행해야 할까? 어린왕자가 여행하며 들른 어른의 별은 '이상한' 세계이다. 그곳은 그가 이해하거나 동의하기 어려운 삶의 방식을 지닌 어른의 별이다. 지구별은 20억이 넘는 어른이 사는 별이다. 그가 지구별 어른의 세계에서 배울 것은 없다. 어린왕자는 어렵게 지구별에 도착하지만, 사람들은 보이지 않고, 메마른 황무지 사막이다. 그는 아직 자신의 문제에 대한 해결책을 찾지 못했다. 그는 지금까지 자신과는 다른 삶의 방식을 지닌 어른의 별을 여행했다. 어린왕자는 어른이 지닌 각자 다른 삶의 방식과 그 차이를 확인했을 뿐이다. 그는 아직 세상을 보는 새로운 눈을 갖지 못했다.

지구별의 사막은 특별한 의미를 지닌다. 사막은 인생의 물음을 던지고 해결책을 구하는 공간이다. 사막은 어른의 도시 경계 너머에 있기에, 그곳에서는 더 잘 볼 수 있고, 더 잘 들을 수 있다. 어른의 세계에 동화되지 못하는 어린왕자에게 도시, 어른의 세계는 이상한 세계이다. 이제 어린왕자는 지구별 사막에서 자신의 별로 되돌아가든지, 새로운 여행을 시작해야 한다. 어느 쪽을 선택하든지, 그 여행은 그 자신의 것이다. 사막은 결단의 장이다. 사막은 손쉽게 여행을 포기하고 자신의 별로 돌아갈 수 있지만, 다른 한편 이 사막 속에 감추어진 샘을 찾아 떠나는 힘겨운 여행을 시작할 수도 있다. 사막은 아름다운 곳이다. 사막은 목마름을 뼈저리게 느끼도록 하는 곳이지만, 그 갈증을 해결해 줄 물을 감추고 있기 때문이다. 어린왕자와 뱀은 한동안 침묵을 지킨다. 침묵은 때로 수많은 말보다 위대하다. 어린왕자와 뱀의 침묵은 결단의 시간이며, 누구에게도 양보할 수 없는 내면의 목소리에 귀 기울이는 시간이다. 어린왕자는 침묵의 시간이 흐른 후, 지구별의 사막을 건너는 여행을 시작한다.

꽃

뿌리 없는 인간

★ 뿌리 없는 존재

어린왕자는 친구가 될 사람을 만나기 위해 사막을 횡단하며, 세 개의 꽃잎을 지닌 꽃 한 송이를 만난다. 어린왕자는 그 꽃에게 "사람들은 어디에 있지?"라고 묻는다.

"안녕." 어린왕자가 말했다.

"안녕." 꽃이 말했다.

"사람들은 어디에 있죠?" 어린왕자가 정중히 물었다.

그 꽃은 언젠가 상인의 무리가 지나가는 것을 보았다.

"사람들이라? 아마 예닐곱 사람 있는 것 같아. 몇 해 전 그들을 본 적이 있어. 하지만 그들이 지금 어디에 있는지는 몰라. 그들은 바람결에 불려 다니니까. 그들은 뿌리가 없어서 많은 어려움을 겪거든."

사막에서 누군가를 만나기는 쉽지 않다. 사막은 인간의 생존 환경으로 적절하지 않기 때문이다. 어른은 자신들의 세계, 곧 도시(마을)에 모여 산다. 어른의 공간은 도시이며, 그 공간 내에서 모든 것을 해결한다. 간혹 도시와 도시를 연결하는 대상(상인)의 무리가 낙타를 타고 사막을 건널 뿐이다. 사막은 도시의 경계 밖에 있는 공간이다. 이 공간은 도시에서 삶의 의미나 길을 잃은 어른이 그 길을 찾기 위해 찾는 곳이다. 그곳은 삶의 물음을 가진 사람들이 그 해답을 얻기 위해 찾는 곳이다. 사막은 자기 자신을 찾는 여행의 출발지이며, 신의 음성을 듣는 계시의 장소이다.

대지에 뿌리를 내리고 사는 꽃이 보기에 인간은 바람결에 이리저리 휘몰려 다니는 존재이다. 인간이 곤란을 겪는 이유는 자유롭게 돌아다닐 수 없어서가 아니라, 오히려 자유롭게 돌아다닐 수 있기 때문이다. 인간은 식물과 달리 뿌리가 없고 두 발 달린 동물이다. 사막의 꽃은 모래바람을 맞으며, 볼품이 없지만, 땅에 뿌리를 내리고 산다. 그것이 꽃의 자연이다. 인간은 자신의 삶을 어디에 뿌리 내려야 할까? 인간은 자유롭기에 소중한 무엇인가를 찾아다닐 수 있는 것 같지만, 바람결에 이리저리 휘몰려 다닐 뿐 진정 소중한 것에 뿌리내리지 못하고 산다. 어른은 도시의 풍요로움이 주는 함정에 빠져 허덕인다. 그들은 길을 묻기 위해 사막으로 나가지 않는다.

★ 인간은 자유다

인간은 모방하는 존재이며 동시에 창조하는 존재이다. 인간은 무엇보다 자신의 삶을 창조하는 주체이다. 인간은 어떤 삶과 역할을 모방하지만, 그렇게 하기로 스스로 선택하고 결단하는 존재이다. 우리는 인간이 다른 동물과는 다른 자유로운 존재라고 생각한다. 인간은 자유로운 존재이다. 그것이 사실이라면, 자유의 방식으로 살아가려고 노력해야 한다. 그것은 자유로운 존재에게 내려진 명령이며, 그것을 따르는 것은 규율이다. 즉 자신의 존재 방식에 충실한 삶의 태도가 필요하다. 우선 자유의 삶을 방해하는 장애물에서 벗어나야 한다. '자유롭다'는 말의 의미를 인간 행위의 몇 가지 동기와 관련지어 생각해 보자.

먼저 자유롭다는 사실은 많은 어른의 오해처럼 '마음대로 해도 된다'는 것이 아니다. '자유롭다'는 말은 우리의 행위가 바로 자기 자신에게 근거해야 한다는 것이다. 어른의 세계에서, 어른은 아이에게 끊임없이 '이것은 하라', '저것은 하지 마라'는 식으로 명령하고 지시한다. 마치 어른은 아이에게 무엇이 좋은지 이미 잘 알고 있다는 식이다. 우리가 누군가의 명령, 누군가의 지시로 어떤 행동을 했다면, 그것은 자유로운 행동이 아니다. 우리 주변에는 다양한 명령 전문가들이 존재한다. 어린 시절의 부모일 수 있고, 사회 조직 속의 직장 상사나 법 등 다양한 명령의 주체들이 있다. 명령은 우리를 자유의 주체가 아니라 객체로 전락시킨다. 자유롭다는 말은 그 행위의 동기가 그 자신에게 있다는 뜻이다. 즉 인간이 자유로운 존재라고 생각한다면, 그 스스로 외부의 명령에 영향 받지 않도록 노력해야 한다.

어른은 자신이 기존에 해 오던 '습관' 혹은 '관습'에 따라 행동한다. 실제로 많은 관습적인 체계들이 우리에게 어떤 행동을 강요한다. 인간은 스스로 어떤 조직의 관행을 만들기도 한다. 이 습관이나 관행에 따르면, 한편으로 다른 사람의 비난이나 눈치를 보지 않아도 된다. 어떤 습관이나 관행이 불합리하지만, 단지 습관이나 관습이라는 이유로 따른다면, 당신을 습관과 관습의 노예로 만든다. 그런 노예는 자신의 행동을 정당화하기 위해 습관이나 관행을 들먹인다.

어른은 자기가 그저 하고 싶어서, 그저 재미있어서 등과 같이 그때그때 '기분'과 '감정'에 따라 행동한다. 우리는 재미나 흥미로 마약이나 과도한 음주를 즐길 수 있다. 하지만 그것의 적절성 여부를 깊이 생각하지 않고 단지 기분에 내맡겨 행동한다면 바람직하지 않다. 우리는 일시적으로 어떤 기분이나 감정 상태에서 잘못된 행동을 할 수 있다. 그것은 우리가 자유롭다는 것을 증명하는 것이 아니라, 자신의 기분이나 감정을 절제하거나 통제하지 못하고 있다는 것일 뿐이다.

우리가 자유로운 존재라면, 자유로운 행동을 방해하는 세 가지 동기를 경계해야 한다. 즉 항상 명령, 관습, 기분의 바오밥나무를 조심해야 한다. 바오밥나무가 언제 자신의 얼굴을 드러낼지 모른다. 인생을 예술에 비유한다면, 인간은 자기 인생의 예술가가 될 수도 있지만, 창작과 조각의 대상이 될 수도 있다. 인간은 인생의 조각가이며, 동시에 조각의 대상이다. 우리가 타인의 명령이나 지시, 기존에 습관적으로 해 오던 방법, 아니면 기분이나 감정에 따른다면, 우리는 조각하는 예술가가 아니라, 조각되는 대상이다. 인간은 모두 노예가 아니라 주인으로 태어난다. 하지만 언제나 어떤 상황에서든 주인이기를 포기하는 바로 그 순간 노예로 전락할 수 있다. 우리가 진정 자기 삶의 주인이라면, 그 주인의 권리를 헐값에 팔아넘기거나, 주인의 의무에 침묵해서도 안 된다. 주인은 자신이 어떤 존재인가에 대해 책임이 있다. 자신이 바로 자기 존재의 주인임을 천명하는 것은 자신의 존재에 대한 전적인 책임을 지겠다는 선언이다. 이 말은 인간이 자기 자신에 대해 책임이 있다는 뜻임과 동시에, 타인과의 관계에 대해서도 책임이 있다는 뜻이다. 하지만 우리는 어른의 세계에 길들면, 자신 본래의 삶의 조건을 망각하고 지내거나 자각하지 못할 수 있다.

인간은 자유 존재이다. 인간은 자신이 선택한 삶을 통해 자기 모습을 본다. 인간의 삶은 세계 내에서 타인과의 인간관계를 통해 구체화된다. 고등학교를 졸업하고 대학교에 입학한 신입생을 생각해 보자. 그는 자기 존재를 '대학생'으로 규정한다. "나는 대학생이다." 한 인간이 자기 존재를 대학생이라고 말하는 것은 어떤 의미인가? 어른은 어느 대학, 어느 과에 다니는지를 주목한다. 그것은 감각의 눈으로 대학생을 보기 때문이다. 하지만 달리 생각하면, 그가 자신을 대학생으로 확인하는 것은 대학생으로 해야 할 역할을 최선을 다해 수행하고 있을 때이다. 즉 그때그때 끊임없이 '대학생'으로서의 자기 삶을 선택하고 그에 따라 행동할 때, 그는 '대학생'이다. 우리는 그런 학생을 '성실하다'고 말한다. 그 것은 단순히 그가 부지런하다는 것이 아니라 자기가 선택한 삶의 모습에 충실하다는 뜻이다. 바로 그러한 자기 존재와 삶에 대한 성실함이 곧 대학생을 대학생답게 만든다.

하지만 자기 존재에 대한 성실함은 어른의 감각의 눈에는 잘 보이지 않는다. 우리가 진정 '대학생'이고자 한다면, 그에 맞는 역할에 최선을 다해야 한다. 하지만 이렇게 말하는 경우를 생각해 보자. "어쩔 수 없이 대학에 다녀…." "좋은 직장을 구하기 위해…." 이것은 일종의 변명이다. 이렇게 변명하는 대학생은 그 스스로 현재 대학생으로서의 자기 역할에 충실하지 못할 뿐 아니라, 자신이 몸담은 대학 공간의 의미를 훼손하고, 그 공간 내에서의 수많은 관계의 가능성을 은폐한다. 즉 그 선택이 자기 자신의 선택이 아니거나, 내가 되고 싶은 미래의 내 모습을 위해 현재의 내 모습을 희생하는 것이다. 어떤 방식이든, 그것은 성실하지 못한 태도, 즉 불성실한 모습이다. 변명이 자기 선택을 대신하도록 내버려 두면 안 된다. 그리고 항상 깨어 있어야 한다.

메아리

독백의 언어

★ 산 위의 메아리

어린왕자는 사막을 횡단하며 만난 한 송이 꽃과 헤어진 후, 이제 높은 산으로 오른다. 지구라는 별과 그 속에 사는 사람들을 한눈에 볼 수 있으리라 생각한 것이다. 하지만 바늘 끝처럼 뾰족뾰족한 산봉우리만을 본다. 어린왕자가 살던 별과는 너무 다른 광경이다. 그는 자신의 목소리를 들을 누군가를 위해 인사한다.

"안녕." 어린왕자는 혹시나 하고 말했다.

"안녕 … 안녕 … 안녕…." 메아리가 울렸다.

"너는 누구지?" 어린왕자가 말했다.

"너는 누구지 … 너는 누구지 … 너는 누구지…." 메아리가 답했다.

"나의 친구가 되어 줘. 나는 외로워." 어린왕자가 말했다.

"나는 외로워 … 나는 외로워 … 나는 외로워…." 메아리가 답했다.

"참 얄미운 별이군! 이곳은 모든 것이 메마르고 뾰족하며 험해. 게다가 사람들은 상상력이 없이 다른 사람의 말만 되풀이할 뿐이야. … 나의 별에는 꽃 한 송이가 있지. 그 꽃은 언제나 먼저 말을 했는데…."

지구의 높은 산은 어린왕자의 말을 메아리로 되돌려 보낸다. 이곳에서 어린왕자는 자신이 한 말을 들을 수 있을 뿐이다. 누가 말을 한들 마찬가지이다. 각자 자신이 한 말을 들을 뿐이다. 그것은 대화가 아니다. 지구별은 누군가 먼저 말을 걸지 않는 어른의 별이다. 메아리는 관계가 상실된 황량하고 고독한 세계의 언어이다.

★ 독백과 같은 대화

메아리의 전설은 그리스 신화에 등장하는 요정 '에코'의 이야기에서 나온다.

에코는 숲과 샘의 요정이다. 요정 에코는 말이 많은 수다쟁이였다. 하루는 한 요정과 바람을 피우는 제우스를 뒤쫓아 지상으로 내려온 여신 헤라를 붙들고 수다를 떠는 바람에 헤라의 노여움을 산다. 에코의 수다로 남편의 불륜 장면을 놓친 헤라는 그녀에게서 말을 빼앗아 버린다. 대신 다른 사람이 하는 말의 끝 부분만을 되받아 말할 수 있게 했다.

요정 에코는 사냥을 나온 눈부시게 아름다운 청년 나르키소스(물의 신 케피소스와 요정 레리오페의 아들)를 본 순간 마음을 빼앗겼다. 먼저 말을 걸 수 없는

에코는 나르키소스를 좋아하며 따라다닐 뿐이었다. 어느 날 나르키소스가 먼
저 말을 건넨다. 하지만 에코는 그의 말을 되받아 할 뿐이었다. 에코는 더는 참
지 못하고 나르키소스에게 모습을 드러내지만, 그의 사랑을 얻을 수는 없었다.
에코는 거절당한 사랑에 부끄러움을 느끼며 깊은 산속에서 지낸다. 이때부터
에코는 사람들의 눈에 띄지 않는 곳에서 생활하며, 실연의 상실감에 점점 야위

어 가고, 마침내 그녀의 목소리만 '메아리'로 남게 되었다.

그리스 신화에 따르면, 메아리는 요정 에코의 수다에 대한 여신 헤라의 벌이다. 언어의 일차적인 기능은 의사소통이다. 요정 에코는 자신이 먼저 다른 사람에게 말을 건넬 수 없다. 상대방의 말의 끝 부분을 되받아 보낼 뿐이다. 메아리는 언어 본래의 기능을 수행할 수 없다. 상대방에게 먼저 말을 건넬 수 없다! 이것은 하고 싶은 말은 있으나, 할 수 있는 말이 없는 것과 같다. 즉 메아리는 더는 자신을 표현하는 도구일 수 없고, 자신을 드러낼 수 없다. 개인의 독특한 생각이 없는 말, 얼이 없는 기호이다. 그것은 자기의 내면세계에서 맴도는 독백의 언어이며, 고독의 언어이다. 메아리는 대화를 위한 언어가 아니다. 그것은 말(언어)이 지닌 창의력의 결핍이며, 상상력의 부족이다. 메아리는 아름다운 말의 빛깔을 상실한 단조로운 세계의 상징이다. 그런 언어는 더는 타인을 전제로 하는 대화일 수 없다.

우리는 언어를 통해 세계를 이해한다. 즉 언어는 그 자체 곧 이해된 세계이며, 이해된 현실이다. 우리는 풍부한 언어적 표현으로 자신을 드러내고, 타인과 교류할 수 있다. 결국, 언어는 대화의 언어이며, 삶 그 자체이다. 인간의 언어는 처음부터 결코 '개인의 독백'일 수 없고, 인간과 인간의 관계를 담아낸다. 언어의 다양함과 풍부함은 곧 인간과 인간 사이의 관계의 풍족함이다. 다른 사람에게 먼저 말을 건넬 수 없고, 타인의 말의 끝 부분만을 되받아 보내는 메아리는 곧 인간과 인간 사이의 관계 상실이며 왜곡이다. 그것은 빈곤한 삶의 증거이다. 이런 언어(말)는 축복이 아니라 신의 저주이다. 현대인은 수많은 통신수단과 방법으로 대화한다. 하지만 고독한 인간은 자기만의 대화, 즉 독백과 같은 대화만을 즐긴다.

★ 인간은 언어의 얼굴이다.

언어란 무엇일까? 이 물음을 제기하는 우리는 이미 언어를 사용하고 있다. 이 언어는 어디서 왔을까? 우리는 우리의 언어인 모국어를 부모로부터 배웠고, 부모는 자신들의 부모로부터, 또 그들은 자신들의 부모의 부모로부터 배웠다. 이런 식으로 최초의 한 사람에게까지 거슬러 올라가 보자. 그는 누구에게 말을 배웠을까? 그에게 말을 가르쳐 준 사람이 없다면, 인간이 언어를 발명했을 것이다. 그리고 인간은 어떻게 언어를 배울까? 언어를 배움으로써, 삶에 어떤 변화가 오는 것일까?

아이들은 대부분 세상의 사물을 가리키는 낱말을 배우고, 그 낱말을 통해 세상의 사물이나 대상들을 본다. 아이들은 이렇게 말하기를 배우며 세계를 익혀 간다. 아이는 언어를 익힘으로써, 하나의 세계를 얻고, 그 세계는 언어의 수만큼이나 다양하고 풍부한 모습으로 드러난다. 아이들은 언어를 배움으로써, 부모와 함께 그 세계에 대해 말할 수 있게 된다. 나아가 다른 사람들과 더불어 그 세계에 참여하며 삶의 길을 연다.

언어는 세계의 얼굴이다. 그리고 인간은 언어의 얼굴이다. 인간은 그 세계에서 태어나고 자란다. 인간은 그 언어를 통해 인간다운 삶을 살며, 그 삶을 통해 언어가 가진 다양한 얼굴을 드러낸다. 언어는 이미 하나의 세계로서, 그 자체 가능성으로 열린 세계이다. 인간은 각자 자신들의 방법으로 언어의 가능성을 열어 보이는 언어의 얼굴이다. 언어는 단순히 인간의 의사소통 도구가 아니라, 인간의 세계이며, 삶의 질서이다. 우리는 다양한 방법으로 언어의 얼굴을 드러냄으로써, 자신의 다양한 삶을 확인하고, 그 속에서 풍족한 삶의 가능성이 열린다.

우리가 메아리와 같은 독백의 언어를 사용한다면, 그것은 언어 그 자체의 결핍이기보다는 언어를 통해 드러내는 인간 삶의 빈곤함이다. 독백의 언어는 세상과 소통하는 언어가 아니라 개인의 내면적인 언어이며, 세계 없는 언어이다. 인간은 언어로 다양한 모습을 드러내는 존재이다. 따라서 우리가 자신에게 관심을 가진다는 것은 곧 자신의 언어에 관심을 가지고, 그 언어의 세계를 풍요롭게 열어 내는 것이다. 그 속에서 우리의 삶 역시 풍요롭게 열린다.

어른은 감각의 눈으로 세상을 보고, 그 세상을 담는 언어에 관심을 가진다. 그들의 언어는 동물들의 본능적인 몸짓, 자연적인 언어와 같은 생존의 언어이다. 그것은 사회적으로 어떤 기능이나 역할을 수행하는 데 필요한 기능적인 언어이다. 기능인(직장인)은 그 기능을 수행하는 데 필요한 기능어를 배우고 사용한다. 예를 들어, 우리가 자동차 엔지니어가 되려고 한다면, 자동차의 수많은 부품의 이름과 그 부품의 결합으로 만들어지는 기능 등의 전문용어와 지식을 익혀야 한다. 의사가 되기 위해서는 의학적 용어를 배우고 익혀야 하고, 경제학자가 되기 위해서는 경제 관련 언어를 배우고 익혀야 한다. 기능어는 항상 어떤 역할과 기능을 수행하는 도구적 언어이다. 어른은 다양한 생존의 언어를 구사하는 것이 행복한 삶을 보장하는 성공의 길이라고 믿는다. 기능어는 기능적인 인간(엔지니어와 의사)과 인간 삶을 드러낸다. 기능어는 그 자체 존재 목적인 인간의 삶을 온전히 드러내지 못한다. 우리는 사회적 삶을 유지하기 위해, 특정 기능과 관련한 언어를 배우고 익혀야 한다. 하지만 인간의 삶을 특정 기능적인 활동으로 환원할 수 없는 것처럼, 우리의 언어 역시 마찬가지이다. 우리는 자기 삶을 반성하고 성장시키는 언어, 다른 사람들과 삶을 나누는 언어, 세상의 아름다움을 노래하는 언어를 가져야 한다. 이 언어는 타인을 길들이고, 관계하는 언어이다. 지구별 어른의 언어 빈곤은 빈곤한 삶의 상징이며, 창의력이 부재한 삶의 증거이다.

★ 나르시시즘적 개인

요정 에코의 불행은 그만의 불행으로 끝나지 않는다. 요정 에코의 마음을 사로잡은 나르키소스(Narkissos)는 강의 신 케피소스의 아들이다. 그는 태어날 때 이미 타인의 시선을 끄는 미모를 갖추고 있었다. 하지만 그가 태어나고 얼마 후, 장님 예언가 테이레시아스가 나르키소스의 얼굴을 보고, "이 아이는 자신의 얼굴을 보지 않아야 오래 살겠다"는 이상한 예언을 남겼다. 그의 예언을 두려워한 부모들은 집 안의 거울을 치우는 등 나르키소스가 자신의 얼굴을 보지 못하도록 했다. 그의 미모는 자랄수록 아름다움을 더해 갔다. 그의 미모에 반한 많은 요정이 그에게 말을 걸고 사랑을 고백하지만, 그는 많은 요정의 손길을 뿌리친다. 이에 요정들은 그에게도 사랑의 아픔을 알게 해 달라고 기도한다. 요정의 기도가 통한 것일까! 어느 더운 여름날 나르키소스는 숲속으로 사냥을 나갔다. 그는 목이 말라 산속의 맑은 우물을 찾아 물을 마시기 위해 몸을 숙였다. 그 물속에서 지금까지 한 번도 보지 못했던 아름다운 미소년을 발견하고 놀란다. 자신의 얼굴을 한 번도 보지 못하고 자란 그는 물속의 그 인물이 샘의 요정이라고 생각했다. 그 요정의 얼굴을 만지기 위해 수면으로 손을 뻗자 그는 사라졌다. 그리고 다시 나타났다. 나르키소스는 애타는 마음에 그 우물을 떠날 수 없었다. 그는 우물 속의 요정을 짝사랑하다 상사병의 아픔으로 날로 야위어졌다. 나르키소스는 시간이 지나 우물가에서 말라 죽었고, 죽은 자리에는 한 송이 꽃이 피어났다. 그 꽃이 바로 수선화이다.

메아리는 자신의 말이 아니라 상대방의 말을 따라 하는 모방의 언어이다. 모방의 언어는 말하는 자의 색깔이 없다. 말하는 자의 고유한 색깔이 없는 언어는 대화가 되지 않는다. 대화하지 않는 사람은 상대방을 볼 필요가 없다. 물에 비친 자신의 모습에만 집착하는 나르키소스와 닮았다. 자기 자신만을 보는 눈은 나르시시즘적 개인이다. 그들은 자기 자신만을 볼 뿐, 상대방과 관계하지 않기 때문에 자기 세계에만 몰입한다. 이처럼 어른은 타자와 관계하지 않기에 독립적인 파편처럼 존재한다. 어른의 세계는 나르시시즘적이다.

장미 정원

너무나 닮은 개인, 대중

★ 너무나 닮은 대중

메아리는 서로 말을 걸지 않는다. 그것은 대화하지 않는 어른의 언어이다. 어린왕자는 높은 산에서 내려와 모래와 바위 가운데를 오랫동안 걸었다. 드디어 길을 하나 발견했다. 길은 모두 사람이 있는 곳으로 향하지만, 어린왕자가 만난 것은 장미정원이다.

어린왕자는 그들을 바라보았다. 그들은 모두 자기별의 꽃과 닮았다.
"너희는 누구니?" 어린왕자는 깜짝 놀라 그들에게 물었다.
"우리는 장미꽃이야." 장미꽃이 말했다.
"아, 그래요."
그러자 어린왕자는 자신이 아주 불행하다고 느꼈다.
자신과 같은 꽃은 이 세상에 하나뿐이라고 장미는 말하지 않았던가. 그런데 정원 가득 닮은 꽃들이 오천 송이나 있다니.

　정원의 꽃들은 서로 닮았다. 개성은 찾아볼 수 없고 다들 평범하다. 정원은 너무나 평범한 장미꽃들이 무리 지어 피어 있는 공간이다. 그것은 어쩌면 대량생산된 제품과 별 차이가 없다. 마치 빵틀에서 금방 찍혀 나온 붕어빵처럼, 그들은 서로 닮았으며, 특별한 것이라고는 하나도 없다. 어른은 대량생산된 제품처럼 비슷한 것을 보고 소비하며, 유사하게 생각하고 말하는 대중이다. 어른은 정원의 꽃처럼, 너무나 닮은 평범한 개인의 집합 즉 대중이다.

　어른의 사회는 대중사회이다. 우리는 개인을 통해 독특한 한 인간을 경험하기보다는 너무나 평범한 인간, 대중을 경험한다. 이제 독특한 개인은 사라지고, 거대한 숫자의 개인들, 대중이 등장했다. 각 개인은 자신이 스스로 선택하고 결단하며, 자신의 삶에 책임을 지는 삶의 주체라고 생각한다. 하지만 그것은 환상이며, 착각이다. 개인은 다수의 사람, 압도적인 대중이 보는 것을 보고, 대중이 선택하는 것을 선택하며, 대중 속으로 자신을 은폐한다. 개인은 대중의 이름으로 평균화된 인간, 너무나 닮은 평범한 개인이 된다. 개인은 자신의 고유한 지적 창의력, 자유의지, 분별력, 통찰력, 상상력을 상실하고, 대중의 이름으로 말하고 생각하며, 행동한다. 결국, 개인은 이름뿐인 개인이 되며, 구체적인 개성을 상실한다. 대중은 누구도 아닌 존재, 전적으로 무책임한 존재이다. 이제 사람들은 '다른 사람들도 그렇게 한다'는 말로 위안을 얻는다. 지구별 어른의 사회는 대중사회이며, 어른은 이제 대중으로 전락한다.

대중의 평균화된 삶은 너무나 평범한 삶의 상징이다. 대중의 언어는 잡담과 농담이다. 그것은 말해야 할 것이 있어서가 아니라, 말이 필요한 상황에서 그저 말해 볼 뿐이다. 대중은 고뇌하고 진지하게 생각한 후 말해야 하는 내면의 자기 가치를 지닌 진실한 언어가 부족하다. 그들은 내면의 긴 침묵 이후 나오는 성숙한 언어가 아니라, 상황에 따라 대단히 즉흥적이며 기회주의적인 언어를 사용한다. 대중은 많은 말을 하지만, 말이 많을수록 진심으로 전달되는 것은 없다. 그들의 잡담과 농담의 주제 및 화제는 다양하고 광범위하지만, 농익은 말이 아니라 다른 대중의 언어, 다른 매체의 언어를 전달하거나 모방할 뿐이다. 그들은 더 많은 곳에서 더 많은 정보와 지식을 얻을수록, 자신들의 언어와 말하고자 하는 내용은 줄어든다. 이렇게 어른의 세계는 대중 사회의 모습을 하고 있다.

여기서 어른의 취향은 색다른 것이 아닌 대중의 취향이다. 어른이 좋아하고 즐기는 수많은 취미나 취향, 오락은 대중 매체를 통해 퍼지고 전파된 대중문화이다. 어른은 서로 비슷한 취미로 만나고 시간을 보내며, 서로 닮아 간다. 그들은 대중의 음악을 듣고 부르며, 비슷한 음식을 먹고 즐거워한다. 그들은 대중의 문화를 즐기며 소비한다. 그들의 삶은 대중의 삶이며, 평범한 삶을 넘어서지 못한다.

대중의 삶은 개인이 선택한 삶이 아니라, 그저 자기 앞에 주어진 삶이다. 평범한 개인의 삶의 배후에 숨어 보이지 않는 유령, 대중이 있다. 대중사회에서 개인은 더는 자기 삶의 주어, 즉 주인이 아니다. 대중이 개인 삶의 주어이며, 개인은 단지 대중의 관심, 대중의 욕구가 분출되어 드러나는 술어일 뿐이다. 이제 개인은 주체가 아닌 객체이다. 더 나아가 대중은 이미 개인의 생각을 감시하는 눈이며, 개인의 행동을 통제하는 시선이 된다. 대중은 대중으로 편입되지 않는 개인의 삶을 끊임없이 손가락질한다. 그들의 손가락질은 견디기 힘든 따가운 눈총이며, 개인의 삶을 획일화하는 기제로 작용한다. 대중의 시선은 메두사의 시선을 닮았다. 이제 개인은 사라지고 대중만이 남는다.

★ 평범함을 넘어

대중사회의 개인은 대중의 눈으로 보고, 대중의 입으로 말한다. 개인은 대중의 이름으로 평균화되고, 특별함이란 아직 평균화되지 않은 것을 지시할 뿐이다. 평균화된 개인은 특별한 것을 보더라도 구별할 눈이 없고, 그 특별한 가치를 말할 입이 없다. 대중은 무엇이 한 대상을 특별한 것으로 만드는지 고민하지 않는다. 그들은 더 비싼 것, 더 좋은 것, 더 최신의 것으로 차별화를 꾀한다. 그들이 추구하는 색다른 것이란 여전히 대중의 취향과 문화에 지나지 않는다.

한 존재는 어떻게 특별한 것이 되는가? 매년 한국에서만 수만 권의 『어린왕자』가 출판되고 판매된다. 누군가의 책장 한쪽에 꽂힌 『어린왕자』 책 한 권은 특별하다. 그 책은 특별히 더 좋은 지질에, 더 좋은 삽화가 있는 것도 아니다. 가장 최근에 출판되었거나 더 많은 사람이 보는 책도 아니다. 하지만 그 책은 우리의 손때가 묻고, 때로는 연필로 밑줄을 치고, 개인적 감상을 적어 두는 등 다른 책과는 비교할 수 없는 수많은 관계가 묻어 있다. 책장을 넘기면 생각지도 못했던 지난 일들이 떠오른다. 그 책은 삶의 기억을 담고 있다. 그래서 그 책은 특별한 책이 된다.

하지만 어린왕자는 아직 모른다. 서고의 수많은 책처럼 그 수많은 장미와 자기별의 장미를 구분할 눈이 없다. 그는 아직 자기별의 장미가 지닌 진정한 의미와 특별함을 자각하지 못한다.

어린왕자는 이렇게 생각했다. '이 세상에 오직 하나뿐인 꽃을 가져 부자인 줄 알았는데 나의 꽃이 단지 평범한 한 송이 꽃일 뿐이라니. 영원히 불이 꺼진 화산 하나를 포함하여 무릎 높이의 세 개의 화산과 그 꽃만으로는 위대한 왕자가 될 수는 없어….'
그래서 그는 풀숲에 엎드려 울었다.

사실 어린왕자는 자신이 얼마나 부자이며, 위대한 왕자인지를 모른다. 어린왕자는 한 송이 꽃만으로 이미 부자이고, 세 개의 작은 화산만으로 이미 위대한 왕자이다. 그 화산과 꽃은 다른 무엇과도 바꿀 수 없는 소중한 것이다. 그것은 다

른 여타의 것과 닮은 평범한 것이 아니라, 특별한 것, 소중한 것이다. 그것은 지구별에서 대량으로 만들어진 것과는 비교되지 않는다. 그 장미꽃 한 송이에는 어린왕자와 보낸 시간이 있고, 관계가 있고, 이야기가 있다. 그 꽃은 단순히 바라보는 대상, 관상용의 꽃이 아니라, 어린왕자의 이야기를 들어주는 친구이다.

한 대상을 특별하게 만드는 것은 너무나 작은 사소한 것이다. 하지만 지금 그것은 잊혀 가는 비밀과도 같다. 간혹 어른 가운데 이 비밀을 간직하고 있는 사람들도 있다. 글을 쓰는 작가의 오래된 만년필, 가구를 만드는 장인의 낡은 도구들, 할머니의 손때 묻은 가구를 생각해 보라. 작가는 그 만년필을 통해 자신이 창작한 작품을 보며, 그 작품을 위해 보낸 자신의 삶을 본다. 장인의 낡은 도구는 장신의 손이며, 눈길이고, 그 자신의 열정이며 삶이다. 작가의 오래된 만년필과 장인의 낡은 도구들은 소중하고 특별하다. 그것이 다른 것에 비해 특별히 비싸거나 그 자체로 값진 것도 아니다. 다만 그것은 그 나름의 이야기가 있고, 사연이 있고, 역사가 있는 것이다. 지구별 어른은 그것과 닮은, 아니 더 좋은 도구들을 만들 수 있고, 사용한다. 하지만 그것은 닮은 것일 뿐이다. 아무리 많은 것이 대량생산되고 고급스러운 제품이라도, 그 제품에는 이야기도 없고, 사연도 없는 그저 평범한 것이다. 그 제품은 누군가가 자신을 보다 특별한 것으로 만들어 주기를 기다린다. 하지만 대중은 그 제품을 위해 자신의 손길을 내밀지 않는다.

여우

관계의 철학자

★ 자연적인 관계의 삶

어린왕자는 지구에서 뱀과 이름 모를 꽃, 메아리를 만난다. 그리고 길에서 장미 정원의 장미들을 만나자 슬픔이 밀려와 풀숲에 엎드려 울음을 터트린다. 바로 그때 여우가 나타났다.

잠시 생각한 후 어린왕자가 다시 말했다.

"'길들인다'는 게 뭐죠?"

"너는 여기 사는 아이가 아니구나. 넌 무엇을 찾고 있니?" 여우가 물었다.

"나는 사람들을 찾고 있어요." 어린왕자가 다시 물었다.

"'길들인다'는 게 뭐죠?"

"사람들은 소총을 가지고 사냥을 하지. 그게 참 난처한 일이야! 그들은 병아리도 길러. 그것이 그들의 유일한 관심사지. 너는 병아리를 찾니?" 여우가 물었다.

"나는 친구를 찾고 있어요. '길들인다'는 게 뭐죠?" 어린왕자가 재차 물었다.

"그건 너무 쉽게 잊혀지고 있는 거지, 그건 '관계를 만든다'는 뜻이야."

"관계를 만들다니요?"

"그래! 너는 아직 수많은 다른 소년들과 다를 바 없는 한 소년일 뿐이야. 그래서 나는 네가 필요하지 않고, 너도 내가 필요하지 않아. 나는 너에게 수많은 다른 여우와 똑같은 한 마리 여우일 뿐이지. 하지만 네가 나를 길들인다면 나는 너에게 이 세상에서 오직 하나뿐인 존재가 되겠지."

어린왕자가 지구별에서 여우를 만나는 장면이다. 어쩌면 모든 메시지의 핵심이 들어 있는 부분이다. 어린왕자는 여우와의 만남을 통해 '길들인다는 것', '관계한다는 것'의 의미를 알게 된다. 그것은 어떤 대상을 특별하게 만드는 삶의 비밀이다.

야생의 상태, 자연은 약육강식의 법칙이 지배하는 쫓고 쫓기는 세계이다. 그 세계에서 한 존재는 다른 존재의 친구가 될 수 없고, 한 종은 다른 종의 친구가 될 수 없고 어울릴 수 없다. 자연은 그 속에서 살아가는 생명의 법칙이다. 모든 생명체는 그 법칙에 따라 살아간다. 즉 자연은 자연적인 생존, 자연적인 질서이며, 자연적인 관계 방식이다. 자연 속의 모든 생명체는 생존과 종의 보존을 위해 끊임없이 생의 욕구에 충성한다. 그것이 그들의 지상과제이다. 생의 욕구는 먹이사슬 관계에 있는 다른 생명을 취하여 자기 생명의 발판으로 삼는다. 강한 육식동물은 약한 육식동물을 먹고, 초식동물들은 풀을 먹는다. 그것이 그들 생명체의 인정 방식이다. 그들은 자신들에게 자연적으로 주어진 관계의 방식으로 살 뿐이다.

인간의 삶은 야생 상태의 자연적인 관계가 아니다. 즉 자연적인 관계를 극복하는 다양한 인간적인 관계 방식을 선취하고 그 방식으로 살아갈 때, 인간은 자연적인 인간이 아닌 인간다운 인간이 된다. 인간이 다른 생명체와 더불어 어울리고, 다른 인간과 더불어 살아가는 것은 '함께 놀 수 있는 조건'을 확립할 때 가능하다. 그렇지 않다면, 그 관계는 여전히 자연적인 관계에 지나지 않는다. 예를 들어, 사냥꾼이 사냥하는 것은 생물학적으로 우위에 있는 한 종이 다른 종을 죽이는 자연적인 관계이다. 그들은 함께할 수 없는 존재들이며, 서로 쫓고 쫓는다. 서로 쫓고 쫓기는 존재는 함께할 수 없다. 인간 역시 서로에 대한 신뢰 없이 쫓고 쫓기는 관계라면, 그들은 함께할 수 없다. 그들은 서로 바라보아야 하는 존재이다. 그들은 마치 세계 내의 사물처럼 존재하며, 객관적인 인식의 대상일 뿐, 우리 삶의 일부분이 될 수 없다.

★ 길들인다는 것

　　인간적인 상호 인정의 방식은 '길들임', '관계하기'이다. 사실 길들인다는 말은 일상생활 속에서 부정적인 의미로 사용된다. 그것은 상대방의 의사와는 상관없이 자신이 원하는 방식으로 반응하고 행동하도록 하는 것이기 때문이다. 여기서 자연 상태의 어린왕자와 여우는 함께 놀 수 없다. 그들은 서로 일정 거리를 두고 떨어져 있어야 하고 단지 마주 보고 있을 뿐이다. 하지만 서로서로 길들이고, 나름의 상호 인정의 방식을 찾는다면, 그들은 함께 놀 수 있다. 길들임은 자연적인 질서와 관계를 극복하고, 서로가 인정하는 관계 방식을 통해 새로운 질서와 세계를 형성하는 토대이다. 길들임은 한 존재와 다른 존재의 순수한 관계 방식, 즉 서로 자신의 세계 속으로 타인을 초대하는 것에서 출발한다. 그것은 관계 속의 두 상대방에게 서로의 존재를 인정하고 마음을 여는 것이다.

　　인간이 동물과 관계할 때, 동물은 한 끼 식사감이 아니라, 단순한 동물 그 이상의 의미를 지닌다. 그들은 하나의 가족일 수도 있고, 친구일 수도 있다. 인간은 전통적으로 길들임의 방식으로 관계 맺어 왔다. 하지만 오늘날 길들임의 의미는 많이 퇴색했다. 자본주의 생산방식에서, 동물은 대량사육 과정을 통해 생산되고, 대량으로 소비되는 상품일 뿐이다. 양계장에서 대량으로 사육되는 닭을 생각해 보라. 사람은 닭을 작은 닭장에 가두고, 먹이를 주고, 불빛을 차단하여 생리적인 시간을 조절하고, 스트레스에 따른 자해행위를 막기 위해 부리를 자른다. 자본주의 생산시스템은 길들임의 기회나 시간을 허용하지 않는다. 그것은 오히려 비효율성의 상징이다. 자본가는 자본의 눈으로 세상을 보기 때문에, 모든 것은 자본의 증대와 이윤의 극대화를 위한 상품일 뿐이다. 그들은 기술과 지식도 자본의 논리에 봉사할 때 의미 있다고 본다. 그들은 모든 것을 자본을 위한 도구로 만든다.

인간은 우선 자기 자신을 길들이는 존재이다. 길들인다는 것은 관계한다는 것이다. 인간은 바로 자기 자신과 관계하는 존재이다. 인간은 자신의 존재 가능성을 어떤 방향으로, 어떤 존재로 열어 낼 것인지를 묻는 유일한 존재이다. 인간은 완성된 존재로 태어나는 것이 아니라, 되어 가는 존재이다. 인간은 끊임없이 자기 존재에 관심을 가지며, 그 관심의 방향으로 자기 존재를 열어 낸다. 인간은 길들임을 통해 한 존재 방식에서 다른 존재 방식으로 나아가며, 다양한 존재 방식을 선택하며 산다. 결국, 인간은 자신을 길들이는 존재이기에 '주체'이며, 동시에 자신이 길들인, 길들여진 존재이기에 '객체'이다. 인간은 주체이며 동시에 객체이다. 그 앎의 방식은 설명이 아니라 이해이다. 인간은 자신을 이해하는 주체이며, 한편 이해된 객체이다. 인간은 길든 자기 모습 즉 이해된 객체를 통해 자신을 이해한다.

길들임은 인간의 이해(앎) 방식이다. 인간은 길들여진 자기, 이해된 객체를 통해 항상 그 객체 밖에 위치하는 자기 모습을 본다. 인간은 이해된 자기를 넘어서는 존재, 이해하는 주체이다. 인간은 길들임의 과정을 통해, 항상 인간으로 되어 가는 과정의 존재이다. 길들임은 이렇게 그 자체 시작점과 끝점이 순환하는 관계이다.

인간은 자신을 길들임과 동시에 타인을 길들인다. 인간의 삶은 그 자체 주체이며 객체인 삶이지만, 그 자체 완결된 점이 아니라 세계를 향해 열린 가능성이다. 인간은 다른 인간과의 관계를 통해 인간다워진다. 타인 역시 우리 자신과 같이 그 자체 주체이며 객체인 존재이다. 우리는 서로 주체이며 객체이다. 내가 그런 존재이듯, 당신 역시 그런 존재이다. 우리는 당신을 필요로 하고, 당신 역시 우리를 필요로 한다. 우리는 처음부터 나-너의 관계 속에서 존재한다. 이 말은 우리가 당신을, 당신이 우리를 서로의 삶의 도구나 수단으로 여긴다는 뜻이 아니다. 인간은 상대방을 통하지 않고, 상대방과의 관계를 떠나서는 인간일 수조차 없다는 것이다.

인간의 인간다운 삶은 인간과 인간 사이의 관계, 그 관계 속에서 서로를 길들이는 삶이다. 그런데도 인간 존재를 마치 그 자체로 존재하는 사물처럼 보거나, 다른 무엇인가를 위한 도구로 여긴다면, 자신의 본래의 존재 근거를 부정하는 것이다. 인간은 이미 인간과 인간 사이이며, 그 사이를 떠나 존재할 수 없다. 사랑과 우정 같은 아름다운 삶의 방식은 단순히 개인의 감정이 아니라, 관계의 방식이며 길들임의 방식이다. 우리는 그 관계 속에서 서로를 길들이는 주체이며, 동시에 길들여진 객체이다.

인간은 세계를 길들인다. 인간은 인간과 관계할 뿐 아니라, 세계와 관계하는 존재이다. 인간은 그 관계를 담아내는 도구 및 문화적 공간을 창조한다. 문화적 공간은 항상 그곳에서 이루어지는 인간의 관계를 위한 것이다. 즉 학교의 강의실은 배우고 가르치는 인간관계를 위한 공간이다. 인간은 세계를 떠나 있을 수 없으며, 그 세계 내 다른 인간과의 끊임없는 관계를 통해 살아간다. 인간은 자신이 이해하는 방식으로 세계를 길들이고, 그 길들임의 과정을 통해 자신의 삶을 드러낸다. 인간의 삶은 곧 자신의 삶에 대한 이해의 방식이며 동시에 세계에 대한 이해 방식이다. 이 점에서 인간은 다른 동물의 삶과는 구분된다.

세계는 자신의 존재를 이해하는 인간(마음)을 통해 자신을 드러낸다. 인간은 세계가 자신을 보는 눈이다. 인간(마음)은 세계와의 관계를 떠나 자기 자신을 드러낼 수 없고, 자신을 이해할 수 없다. 우리는 학교에서 학생을 가르치며, 교사로서의 자기 존재를 이해한다. 시장에서 상품을 사고 유통할 때, 바로 그 행위를 통해 소비자와 상인으로서의 자기 존재를 만난다. 교사와 상인의 모습은 학교와 시장이라는 세계를 통해 가장 잘 드러난다. 세계와의 관계를 떠난 인간이해는 추상이다. 세계는 인간이 자신을 드러내는 얼굴이다. 우리는 눈이 없는 세계, 얼굴 없는 인간을 상상할 수 없다. 세계는 세계 그 자체로 있을 수 없고, 인간은 인간 그 자체로 존재할 수 없다. 인간(마음)은 끊임없이 자기 자신을 만나려는 그 순간마다 세계와 대면하며, 그때마다 자신과 더불어 있는 타인을 만난다. 세계는 우리의 모습을 보여 주는 거울이며, 인간은 그 거울을 통해 자신을 보는 눈이다.

이처럼 인간과 세계는 그 존재 방식에서 서로 하나인 관계이며, 서로에게 유일한 존재이다. 결국, 인간과 세계는 서로 대립하는 타자일 수 없다. 존재는 사유이며, 사유는 곧 존재이다. 인간과 세계는 둘이 아니다. 인간과 세계는 자연적인 사물과 사물, 동물과 동물의 관계처럼 서로 배타적이며, 배제하는 관계일 수 없다. 인간은 처음부터 자기 존재에 관심을 두고, 세계의 부름에 응답하는 존재이다.

어른은 인간과 세계의 근원적인 관계를 보지 않는다. 그들은 감각의 눈으로 세계를 보며, 인간을 본다. 그들은 눈이 없는 세계, 즉 그 속의 개별적인 사물만을 볼 뿐 그 속에서 자신들의 얼굴을 보지 못한다. 그들은 개별적인 사물들의 법칙으로 세계를 설명한다. 그것은 인간과의 관계가 배제된 세계 없는 사물에 대한 앎이다. 물은 무엇인가? 물의 화학적 기호는 H_2O이다. 강아지는 생물학적인 특성을 가진 동물이다. 어른의 시선은 인간을 이해할 때 역시 마찬가지이다. 감각의 눈은 얼굴이 없는 인간을 본다. 세계 속의 인간이 아니라, 세계에서 격리된 인간을 본다. 그들은 인간을 다양한 화학적 구성물(화학)이거나, 생명 현상의 연장으로 파악되는 특이한 동물(생물학)로 본다. 감각의 눈은 모든 생명체가 지닌 보편적인 눈이며, 오늘날 과학은 인간의 타고난 이 눈으로 세상을 보는 것에 충실하다. 하지만 그 눈은 인간을 인간답게 만드는 것이 진정 무엇인지 보지 않는다.

★ 거리 좁히기

우리는 누군가와 관계함으로써 우정을 나누는 친구가 될 수 있다. 우리가 누군가의 친구가 되기 위해 어떻게 해야 하는 것일까? 친구를 가지고 싶다면 상대방을 길들여야 한다. 그것은 우선 공간적인 의미의 거리 좁히기이다. 자연 상태에서 야생으로 살아가는 동물들은 서로 쫓고 쫓기는 존재이기 때문에, 서로에게 자신의 공간을 내어 줄 수 없고, 자신의 거리를 양보할 수 없다. 그들은 항상 적당한 공간과 거리를 유지하며 떨어져 있어야 한다. '적당한 공간과 거리'라는 말은 단순히 객관적인 물리적인 의미가 아니라, 상대방으로부터 도망칠 수 있는 거리이며, 자신의 생명을 담보하거나 생존을 유지할 수 있는 거리이다. 그것은 자신의 생명을 보장하는 안전거리이다.

자연 상태의 동물들은 자신들이 직감하는 이 거리를 양보할 수 없다. 쫓는 동물은 이 거리를 좁히려 하고, 쫓기는 동물은 이 거리를 유지하려 한다. 그들의 관계는 포식자와 사냥감의 자연적인 관계, 태어날 때부터 주어진 삶의 방식이다. 그래서 그 동물들은 서로를 바라볼 뿐 길들일 수 없고 관계할 수 없다. 그들은 자신들의 안전거리를 극복하지 못하고 살아간다. 그 안전거리를 양보한다는 것은 먹이사슬의 관계에서 한 끼 식사감이 된다는 것이다.

우리가 누구인가를 길들이거나 관계 맺고자 한다면, 항상 일차적인 것이 공간적인 의미에서의 거리 좁히기 혹은 거리 제거이다. 인간은 상대방으로부터 자신을 지키기 위한 심리적인 안전거리를 가지고 있다. 거리 좁히기와 거리 제거는 단순히 물리적인 거리의 가까움이나 제거가 아니다. 우리가 누군가와 관계하기 위해서는 그를 위해 진심으로 자신의 안전거리를 양보해야 한다. 타인 역시 자신의 안전거리를 양보해야 한다. 그것은 타인에 대한 공포나 두려움을 극복하는 것이며, 그에 대한 신뢰와 믿음을 쌓는 것이다. 그것은 참을성과 인내력을 요구한다.

"우리는 우리가 길들인 것만을 알 수 있다." 여우가 말했다.

"사람들은 이제 무엇인가를 알아 갈 시간이 없어. 그들은 가게에서 필요한 것들을 사거든. 그런데 친구를 파는 가게는 없으니, 사람은 이제 친구가 없는 거지. 친구가 되려면 나를 길들여야 해."

"그럼 어떻게 해야 하죠?" 어린왕자가 물었다.

"참을성이 있어야지." 여우가 대답했다.

"우선 나에게서 좀 떨어져 여기 풀숲에 앉아 있어. 난 너를 곁눈질해 볼 거야. 너는 아무 말도 하지 마. 말은 오해의 근원이지. 날마다 넌 조금씩 더 가까이 다가앉을 수 있을 거야…"

우리가 공포와 두려움의 대상에게서 벗어나려는 것은 너무나 자연스러운 현상이다. 상대방에 대한 공포와 두려움의 극복이 각자의 안전거리를 좁히도록 한다. 자신의 공간 안으로 타인을 받아들이기 위해, 우리는 자신의 마음의 문을 열어야 한다. 마음의 문을 열 때, 우리는 같은 공간이나 더 가까운 공간 내에 있을 수 있고, 서로 길들이거나 관계 맺을 수 있다. 자신의 마음에 타인을 위한 공간을 배려해야 한다.

우리 주변에는 너무 많은 어른이 마음의 문을 열지 못하거나 열려고 하지 않는다. 마음의 장벽이 높은 사람은 자신의 안전거리를 유지하기 위해 장벽을 쌓고 다른 사람들을 그 거리 밖으로 몰아내거나 추방하려 한다. 혹은 자신의 방어벽을 쌓기에 지친 사람들은 그 자신을 격리하거나, 사회 밖으로 탈출하려 한다. 그들에게 가장 무서운 공포의 대상은 인간이다. 우리가 상대방을 공포와 두려움의 대상으로 여기는 순간, 우리는 서로 바라볼 뿐, 가까이할 수 없고 관계하기 어려운 존재가 된다. 그들의 사유는 배제의 논리이며, 그들의 삶은 배제의 삶이다.

인간은 세계를 향해 자신의 마음의 문을 열 수도 있고, 닫을 수도 있다. 그것은 객관적인 물리적인 거리가 아니라, 마음의 거리이다. 인간은 자신의 마음의 문을 닫아걸고, 자신만의 성을 쌓고 그 내에서 살 수 있지만, 한편으로 가까운 존재에서 아주 먼 우주에 이르기까지 자신의 마음을 열 수 있다. 개인의 고립된 성 내에서의 삶은 안전할 것 같지만, 한편으로 상처 입은 영혼의 삶이다. 그는 타인과의 관계를 끊고, 그 관계로서 드러나는 세계를 거부하고, 그 스스로 고독한 개인이 되려 하기에 상처 입은 영혼을 자처한다. 상처 입은 영혼은 인간다운 삶을 추구하지 않는다. 마음을 여는 것은 쉬운 것이 아니기에 용기가 필요하며, 타인에 대한 신뢰를 전제하는 일이다. 인간은 매 순간 상처받지 않을 영혼의 자세로 결단하고 그 결단에 책임을 지는 존재이다. 상처받지 않을 영혼은 매 순간 인간을 있는 그대로의 모습으로 받아들인다.

★ 시간 나누기

우리는 매일 조금씩 누군가의 곁으로 가까이 다가앉을 수 있다. 거리 좁히기는 길들임을 위한 한 조건이다. 우리가 가까운 거리에서 누군가의 얼굴을 바라보고 있어야 한다면, 그것은 관계 맺는 것이 아니다. 그것은 어쩌면 '시간 죽이기'이며 '멈추어 버린 시간'일 뿐이다. 흐르지 않는 시간, 변함없는 시간은 영원이 아니라 시간의 무덤일 뿐이다. 이제 인간은 자신의 안전거리 안으로 들어온 그 존재를 위해 관심을 갖고 부응해야 한다. 즉 그에게 눈길을 보내고 받고, 손을 내밀며 반기고, 말을 건네고 들어야 한다. 그 존재와 함께 산을 타고 바다를 누비고, 차를 마시며 이야기하고, 책을 읽고 다투며 삐치고, 사랑의 고백을 해야 한다. 단지 같은 시간대를 공유하는 것이 아니라, 자신들만의 시간을 나누고, 시간을 사는 것이다.

다음날 어린왕자는 다시 그곳으로 갔다.

"언제나 정해진 시간에 오는 게 좋을 거야." 여우가 말했다. "이를테면 네가 오후 네 시에 온다면 난 세 시부터 행복해질 거야. 그 시간이 될수록 난 점점 더 행복해지겠지. 네 시에는 흥분해서 기쁨으로 안절부절 못할 거야. 그래서 행복이 얼마나 소중한지 알게 되겠지! 아무 때나 오면 몇 시에 마음을 먹고 준비해야 하는지 모르잖아. 의식(儀式)이 필요하거든."

"의식이 뭐죠?" 어린왕자가 물었다.

"그것도 너무 자주 잊혀지고 있어." 여우가 말했다. "그것이 바로 어느 하루를 다른 날과 다르게 하고, 어느 한 시간을 다른 시간과 다르게 만드는 거야. 예를 들면 내가 아는 사냥꾼들도 의식을 행하지. 그들은 목요일마다 마을의 처녀들과 춤을 추지. 그래서 목요일은 나에게 신나는 날이지! 나는 포도밭으로 산책하러 나가지. 사냥꾼들이 아무 날이나 춤을 추면, 하루하루가 모두 똑같아지잖아. 그러면 나는 하루도 쉴 수가 없을 거야…."

시간 나눔은 단순히 같은 시간 속을 걸어가는 것이 아니라, 이미 상대방과 관계하는 방식의 방향성이다. 시간 나눔의 방향성에 따라, 우리는 친구가 되고, 애인이 되며, 같은 동료가 되고 동지가 된다. 시간은 그 나눔의 방식에 따라, 우정의 시간이 되고, 사랑의 시간이 되고, 신앙의 시간이 되어 흐른다. 시간 나눔의 방향성은 언제 갑자기 형성되기도 하지만, 시간을 나누는 사람들의 관심을 요구한다. 즉 그 방향으로 자신의 마음을 쓰는 것이며, 상대방의 마음 씀에 부응하고 응대하는 것이다. 이것으로 시간은 동일한 시간이 아니라 특별하고 소중한 시간이 된다. 우리는 누군가와 몇 시에 어디에서 만나자고 약속한다. 그것은 단순한 시계의 바늘이 가리키는 약속 시간이 아니라, 서로가 마음을 쓰고 응대하는 장소와 시간이다. 우리의 관심은 그 시간에 그 장소에서 만날 사람에게로 향하고, 그 만남으로 이루어질 관계에 마음이 설레고, 점점 그 시간이 가까워 올수록 행복해지는 것이다. 상대방이 시간에 늦어도 화내거나 성을 내는 것이 아니라 그를 걱정하고 우려하는 것이다. 이제 시간은 단순히 시계로 측정되는 흘러가는 균일한 시간이 아니라, 그때그때 각자의 것이 되고, 의미가 되고 삶이 된다. 그 시간은 세월이 지난다고 사라지는 것이 아니라, 우리 삶의 지층을 이루며 쌓여 간다. 인간은 이 시간 나눔을 통해 시간을 사는 존재이며, 이 시간이 곧 우리의 삶이며 역사이다.

★ 잠들었던 대지를 깨운다.

인간과 인간의 시간 나눔은 이제 이 세계의 존재를 드러
낸다. 잠들었던 대지가 깨어나는 것이다. 대지를 흐르는 강은 개구쟁이 아이들
의 놀이터로 변하고, 연인을 위한 아름다운 사랑의 배경이 된다. 강은 더 이상
단순한 물길이 아니라, 인간을 만나 놀이터가 되고 데이트 장소가 된다. 그 공
간은 개구쟁이와 연인들이 자신의 삶을 보는 얼굴이 된다. 이렇게 강은 인간과
의 관계 속에서 수많은 자신의 모습을 드러내고, 한편 한결같은 그 모습으로
우리를 맞이한다. 시간 나눔의 방향은 우리가 발 딛고 있는 물리적인 사물들을
완전히 새로운 의미로 재구성한다. 세계는 처음부터 닫힌 세계가 아니라 열린
세계이다. 인간은 하나의 세계를 열며, 그 속에 있는 사물들의 의미를 재발견한
다. 우리 앞의 사물들 역시 고정된 존재가 아니라, 항상 우리의 손길을 기다리
는 존재이다.

인간의 시간 나눔은 나-그것의 관계가 아니라, 나-너의 관계이다. 우리가 자
신의 공간을 배려하며 거리를 좁힐 때, 그 상대방 역시 우리와 동일한 존재임
을 전제한다. 우리는 시간 나눔의 방식에서 곧 서로의 거울이 된다. 우리가 당
신과 관계한다면, 당신은 우리의 거울이 되는 것이다. 우리를 비추어 주는 거울
말이다. 그리고 우리 역시 당신의 거울이다. 우리는 서로 상대방을 비추어 주
며, 그 거울 속에서 더 의미 있는 많은 것을 보게 된다. 우리는 자신이 상대방
에게 준 것만을 볼 수 있을 뿐이다. 타인에게 좋은 것을 주었을 때, 좋은 것을
볼 수 있고, 받을 수 있다. 우리가 당신 앞에 우정의 손길을 내밀고 우정을 쌓

아가는 시간을 보낼 때, 당신은 우리에게서 우정의 모습을 볼 것이다. 당신이 우리에게 사랑의 모습을 보인다면, 당신은 우리에게서 사랑의 모습을 볼 것이다. 이것은 상대방에게 좋은 삶의 모델이 되라는 정도의 선언을 넘어, 시간 나눔 그 자체가 곧 관계임을 말한다. 이 관계는 감각의 눈으로 확인되는 물건을 주고받는 것이 아니라, 그 관계로서의 삶을 사는 것이다. 하지만 감각의 눈만을 가진 어른은 이 관계를 마치 어떤 물건을 주고받는 것처럼 이해한다.

인간의 삶은 곧 관계의 삶이다. 우정이 그렇고, 사랑이 그렇다. 우리의 삶이 그렇다. 우정은 어디에 있고, 사랑은 어디에 있는가? 우정과 사랑은 사물이 아니기에 눈으로 보이지 않는다. 우정의 관계 속에 우리가 있고 당신이 있을 때, 그 사이를 친구라고 부른다. 친구라고 부르는 관계의 내용이 우정이다. 우정은 무엇을 위한 수단이 아닌 그 자체 목적인 두 영혼의 대화이다. 우정은 그 대화를 통한 배움의 방식이며, 삶의 방식이다. 우리는 서로를 통해 배우고 성장하며 삶을 나누기 위해, 상대방의 있는 그대로의 모습을 받아들여야 한다. 우정과 사랑은 상대방과 관계하지 않고, 메아리처럼 자기 자신에게 되돌아올 때 사라진다. 우리는 혼자 존재하려 하거나, 자기 자신만을 위해 존재하려 할 때, 우정도 볼 수 없고, 사랑도 볼 수 없다.

★ 중요한 것은 눈에 보이지 않는다

어린왕자는 여우를 길들였다. 그래서 이별의 시간이 왔을 때, 여우는 눈물이 나올 것만 같다고 말한다. 길들임과 관계 맺기는 서로의 시간을 특별하고 소중하게 만든다. 자신에게 특별하고 소중한 존재와 이별해야 하는 것은 슬픈 일이다. 여우는 어린왕자에게 한 가지 비밀을 선물하겠다고 한다. 이별에 앞서, 잠시 장미정원을 다녀오라고 한다.

"내 비밀은 이런 거야. 그것은 아주 단순하지. 오로지 마음으로 볼 때 잘 본다는 거야. 가장 중요한 것은 눈에 보이지 않는단다." 여우가 말했다.

"가장 중요한 것은 눈에 보이지 않는다." 잘 기억하기 위해 어린왕자가 되뇌었다.

이제 어린왕자는 이해한다. 자신이 얼마나 부자이며, 위대한 어린왕자인지를 깨닫는다. 장미정원의 수많은 꽃은 관계(길들이기)하기 전의 수많은 다른 사물과 다를 바 없는 존재이다. 그래서 어린왕자는 "너희는 나의 장미와 조금도 닮지 않았어. 너희는 아직은 아무것도 아니야."라고 말한다. 길들임의 과정을 통해 우리는 서로에게 이 세상에서 오직 하나밖에 없는 존재가 된다. 우리는 서로에게 각자 삶의 한 부분이 된다. 아니 바로 그 관계 속에서 우리는 비로소 우리 자신이 되고, 한 사물은 진정 그 사물로서 드러난다. 그럼으로써 우리는 서로에게 가장 소중한 존재, 즉 서로에게 유일한 존재가 된다. 우리는 여기서 김춘수 시인의 '꽃'을 연상한다.

내가 그의 이름을 불러 주기 전에는
그는 다만 하나의 몸짓에 지나지 않았다.

내가 그의 이름을 불러 주었을 때

그는 나에게로 와서 꽃이 되었다.

내가 그의 이름을 불러 준 것처럼

나의 이 빛깔과 향기에 알맞은

누가 나의 이름을 불러다오

그에게로 가서 나도 그의 꽃이 되고 싶다.

우리는 모두 무엇이 되고 싶다.

나는 너에게 너는 나에게

잊혀지지 않는 하나의 의미가 되고 싶다.

_ 김춘수 「꽃」(1952) 전문

여기 한 그루 나무가 있고, 그 나뭇가지 위에 새가 앉아 지저귄다. 청명한 하늘 위로 따스한 햇볕이 내리쬔다. 우리가 살아가는 세계 속에는 나무, 새, 햇빛 등 다양한 사물이 있다. 이들 사물은 서로에게 단지 그곳에 그렇게 있는 몸짓에 지나지 않는다. 그 사물은 다른 사물의 이름을 불러 주지 않는다. 자연 속의 사물들은 서로의 필요를 말하지 않는다. 다만 필요의 방식으로 살 뿐이다. 자연의 사물은 서로에게 하나의 몸짓으로 존재할 뿐, 만남의 이야기, 관계의 역사가 없다. 인간 역시 감각의 눈으로 보면, 단지 신체를 지닌 하나의 사물일 뿐이다.

하지만 인간은 사물과의 만남 속에서 자기 삶의 터전을 만든다. 그 행위는 사물에 이름을 부여하는 것에서 출발한다. 이름을 불러 주는 것, 그것은 곧 관계이다. 이름에는 그 대상과 우리의 수많은 관계 가능성이 내포되어 있다. 이제 그 나무는 하나의 몸짓이 아니라 햇빛을 피하는 그늘이 되고, 그림의 소재가 되고, 의자와 책상이 된다. 사물은 이름을 가짐으로써 단순한 대상이 아니라 세계 속의 의미가 된다. 언어는 한 존재자를 불러내는 존재의 집이다.

★ 길들임과 책임

인간의 삶은 길들임의 삶이다. 우리는 자신이 길들인 것에 책임이 있다. 인간은 먼저 자기 자신을 길들인다. 인간은 그 과정을 통해 그때그때 새로운 존재의 모습을 드러내고 태어난다. 따라서 인간은 자신이 길들인, 자신이 선택한 자기 자신의 삶에 책임이 있다.

인간의 삶은 관계의 삶이다. 인간의 삶은 타인과의 관계 속에서 상호 길들임의 과정이다. 인간은 자신을 길들이고 선택함과 동시에 타인을 길들이고 선택한다. 길들임은 서로에 대한 책임을 요구한다. 길들임과 책임, 그것은 인간의 운명이다.

"너의 장미꽃을 무엇보다 소중하게 만드는 것은 그 꽃을 위해 네가 들인 시간 때문이란다."

"… 내가 내 장미꽃을 위해 들인 시간 때문이란다…." 잘 기억하기 위해 어린왕자가 말했다.

"사람들은 그 진리를 잊어버렸어." 여우가 말했다. "하지만 너는 그것을 잊으면 안 돼. 너는 네가 길들인 것에 항상 책임이 있어. 너는 네 장미꽃에 책임이 있어…."

"나는 내 장미꽃에 책임이 있어…." 잘 기억하기 위해 어린왕자가 다시 말했다.

인간은 길들임의 과정을 통해 자신의 삶을 길러 내고, 변화하고 성장한다. 상대방 역시 그 길들임의 관계를 통해, 변화하고 성장한다. 그것은 사랑하는 삶이다. 인간의 삶은 처음부터 사랑의 삶일 수밖에 없다. 사랑의 삶은 각자의 삶을 더욱 풍요롭고 소중하게 만든다. 사랑의 성장은 곧 관계의 성숙이며, 삶의 여정이다. 그것은 서로 성장하고 새로워지는 관계이다. 사랑의 관계는 책임을 요구하지만, 서로의 인생을 책임진다는 거창한 뜻이 아니다. 책임은 "내가 이 관계 속에서 성장하는 것만큼 그대도 이 사랑 속에서 성장해야 한다"는 약속이다. 『어린왕자』의 생텍쥐페리는 사랑에서 성장을 발견한 작가이다. 그는 사랑을 '나의 안내로 그대가 그대 자신에게 돌아가는 것'이라고 정의하고 '그대가 성장하면 할수록 사랑도 같이 성장한다고' 말한다. 그가 '나의 안내로 당신 자신에게 돌아가는 것'이라고 말한 것은 상대방이 가졌을 가능성을 인정하고 그 가능성을 꽃피우는 성숙을 요구하는 것이다.

철도 전철수

아무것도 쫓지 않는다

★ 만족하지 않는 어른

어린왕자는 어른의 공간인 도시로 간다. 그가 도착한 도시라는 어른의 세계에서 어른은 아침 해가 뜨기도 전에 자동차, 버스, 지하철 등의 많은 교통수단을 통해 어딘가로 이동한다. 어린왕자의 눈에는 그것이 마치 소중한 무엇인가를 찾아 바쁘게 이동하는 것으로 보인다.

"저 사람들은 많이 바쁜 것 같군. 뭘 찾는 거죠?" 어린왕자가 물었다.

"그것은 기관사도 모른단다." 전철수가 말했다.

그러자 반대편에서 두 번째 불을 밝힌 급행열차가 기적 소리를 낸다.

"그들이 벌써 돌아오는 건가요?" 어린왕자가 물었다.

"조금 전 사람들이 아니야. 서로 지나가는 거지."

"그들은 있던 곳에 만족하지 못하나 보죠?" 어린왕자가 물었다.

"자신이 있는 곳에 만족하는 사람은 하나도 없단다." 전철수가 말했다.

어른은 매일 정해진 장소로 출근하며, 정해진 업무를 처리하며 하루를 보낸다. 어른을 태워 나르는 기관사 역시 마찬가지이다. 기관사는 열차를 운전할 뿐이다. 기관사는 자신이 실어 나르는 사람들이 무엇을 찾고 있는지 관심이 없다. 그는 다만 그들을 정해진 곳으로 실어 나를 뿐이다. 그것은 어른의 반복된 일상이다.

우리는 다들 자신이 자기 인생의 주인이며, 주체인 것처럼 말하지만, 자신들의 일상이 향하고 있는 목적지를 모른다. 자신이 선택하고 결단한 것이 아니라, 이미 정해진 삶의 트랙을 달리는 것이다. 오늘날 인류 문명은 급행열차에 몸을 싣고 달리는 손님과 기관사와 같다. 그 손님과 기관사는 마치 주인 의식을 가지고 인류 문명을 움직여 가는 것 같지만, 급행열차가 어디를 향해 가는지를 결정하지 못한다. 오늘날 인류 문명은 폭주하는 급행열차를 닮았다. 하지만 그 급행열차가 어디로 향하는지 모른다. 마치 열차 사고라도 나면, 그들은 모두 희생자로 돌변한다. 어른은 자신이 몸담은 문명의 혜택을 누리지만, 그 문명이 문제를 일으키거나 사고를 내면, 누구 하나 책임지려 하지 않는다. 그것이 도시의 삶에 찌든 어른의 삶이다.

어른은 아침부터 저녁까지, 이곳저곳 바쁘게 이동한다. 어린왕자가 보면, 매일 소중한 무엇인가를 찾아다니는 것 같다. 우리가 언젠가는 찾게 될지 모를 소중한 무엇인가를 위해 시간을 보낸다는 것은 현재 자신의 삶에 만족하지 못한다는 것이다. 어른은 도시의 삶에서 자신들의 삶에 만족하지 못한다. 그들은 끊임없이 주변 사람들과 비교하며 더욱 많은 것을 가지려고, 더욱더 높은 곳을 향해 오르기 위해, 더욱더 좋은 것을 가지려고 앞을 보고 달려간다.

어른의 삶의 여정에는 항상 앞서 달려가는 사람들이 있기에, 그들은 만족할 수 없다. 그러므로 어른은 그들을 추월할 방법을 찾고 실행에 옮긴다. 그들의 삶은 수단과 도구를 향한 삶이다. 합리적인 도구 선택과 성공을 향한 삶! 더 합리적인 수단과 도구를 통해 상대방을 앞서 가게 되면, 그의 삶은 곧 성공의 삶이 되고 다른 이들의 부러움의 대상이 된다. 하지만 어른의 삶의 트랙이 가진 가치와 효용성을 고민하거나 더 좋은 수단과 도구를 갖지 못한 사람들은 그 경기에서 낙오하거나 좌절해야 한다. 나아가 실패자의 낙인이 찍히게 마련이다. 아니면 다른 사람의 경기를 방해한다는 명목으로 격리되거나 배제의 대상으로 전락한다. 어른의 삶의 트랙은 누구 하나 만족할 수 있는 조건을 갖추고 있지 않다. 당연히 자기 삶의 조건에 만족하는 사람들도 없다. 하지만 맹목적으로 달려간다. 눈먼 어른의 질주는 삶의 가속도를 자극한다. 이제 누구도 그 트랙에서 내려올 수 없을 만큼의 속도로 질주한다. 그 결과는 너무나 자명하다.

★ 인형을 길들이는 아이

어른은 자신의 세계에서 반복되는 삶의 경기에 지쳤다. 어른의 삶의 트랙은 희망의 증거가 아니라, 실패와 좌절의 증거가 된다. 그 트랙 위를 달려야 하는 어른의 삶 역시 자신들이 원하는 삶과는 거리가 먼 방향으로 달리는 자기 배신의 삶이다. 그곳은 시간이 멈추어 버린 공간이다. 무의미한 행위의 반복 속에 지친 어른은 기차 속에서 잠들어 있거나 하품을 한다. 그것은 삶의 무의미성, 삶의 피로감에 대한 표현이다.

"그들은 저 안에서 졸거나 아니면 하품을 하지. 오직 아이들만이 유리창에 코를 가까이 대고 있을 뿐이지."

"아이들만이 자신이 무엇을 찾고 있는지 아는 거죠." 어린왕자가 말했다. "그들은 누더기 인형과 많은 시간을 보내지요. 그래서 인형이 그들에게 중요하죠. 그것을 빼앗으면 아이들은 울잖아요…."

"아이들은 행복하군." 전철수가 말했다.

아이들의 삶은 다르다. 아직 어른의 세계에 길들지 않은 그들은 유리창에 코를 납작 대고 무엇인가를 열심히 찾는다. 아니면 자신의 누더기 인형에 많은 시간을 허비한다. 그런 시간을 통해 그 인형은 아주 중요하고 특별한 것이 된다. 자신이 관계할 수 있는 세계, 그 세계 속에서 길들일 수 있는 대상이 있는 삶! 그런 삶의 실존적 가능성을 지닌 아이들은 행복하다. 어른은 감각의 눈으로 세상을 보기 때문에, 아이들이 가지고 노는 인형이 조금이라도 때가 묻거나 더러워지면 그것을 빼앗아 버린다. 그리고 새 인형으로 아이들을 달랜다.

그들은 그 두 인형의 차이를 보지 못한다. 그들은 자신의 아이와 그 인형 사이에 형성된 관계를 보지 않는다. 사실 그 관계를 통해 인형은 단순한 인형이 아니라, 이야기가 있는 아이의 장난감이며, 자신의 외로움을 달래 주는 친구이다. 이 관계 맺기를 통해 아이는 자신의 장난감을 얻고 친구를 사귀며, 인형은 누군가의 장난감이 되고 친구가 된다. 아이와 인형은 새로운 가능성을 향해 열린 존재이다. 바로 이 열림의 가능성이 인간 존재의 가능성이다. 어른은 아이의 인형을 뺏음으로써, 아이의 삶이 지닌 실존적 가능성을 차단해 버린다. 어른의 세계는 실존적 가능성이 차단된 닫힌 세계를 지향한다. 그것은 닫힌 삶이다. 닫힌 삶은 곧 어른의 세계가 지녔을 가능성의 결핍이다. 인간은 처음부터 열린 세계 속의 열린 존재이다.

장사꾼

시간의 판매

★ 시간의식의 변화

어린왕자는 한 장사꾼을 만난다. 그 장사꾼은 목마름을 가라앉혀 주는 알약을 팔고 있다.

"왜 그런 것을 팔죠?" 어린왕자가 말했다.

"이것으로 시간을 많이 아낄 수 있어. 전문가들이 계산해 보니, 매주 오십삼 분씩 절약할 수 있대." 장사꾼이 말했다.

"그 오십삼 분으로 뭘 하죠?"

"원하는 것을 하지…."

'만일 나에게 오십삼 분의 여유가 있다면 샘을 향해 천천히 걸어갈 텐데….' 하고 어린왕자는 생각했다.

어른의 세계에서 가장 부족한 것은 시간이다. 그래서 시간을 절약해 줄 수 있는 상품을 구매한다. 그렇게 아낀 시간으로 무엇을 할까? 아니 한 번뿐인 시간이라면, 무엇을 위해 써야 할까? 인간은 시간 존재이다. 인간의 삶은 그 자체 완결될 수 없는, 되어 가는 과정이기에, 삶은 그 자체 시간의 삶이다. 어른은 누구나 더 많은 시간을 원하고 더 많은 시간을 즐기려 하지만, 그 시간의 의미를 묻지 않는다. 시간이란 무엇인가?

전통적인 삶은 자연의 순환을 기초로 형성된 농업 중심의 생활이 주류였다. 공동체의 삶은 생물의 자연적인 순환에 따라, 봄이면 씨앗을 뿌리고, 가을이면 추수를 했다. 농부의 하루 삶 역시 마찬가지이다. 농부는 새벽을 알리는 암탉의 소리에 눈을 뜨고, 아침 햇살이 들면 들녘으로 나간다. 그들은 다시 해 질 무렵 집으로 돌아와, 별이 뜨면 잠을 잔다. 전통적인 농경 중심의 삶은 태양의 운행과 계절의 순환을 기초로 형성된 삶이다. 즉 인간의 삶은 자연의 질서를 기초로 순환하며 돌아오는 때를 알고, 그 때를 맞추어 살아가는 삶이다. 이렇게 자연의 시간은 곧 순환의 시간이다.

근대 이후 새로운 시간 의식이 도래했다. 그것은 기계식 시계의 등장과 더불어 시간을 기계식으로 정밀하게 측정할 수 있게 되면서 가속화되었다. 기계식 시계의 등장은 시간의 양적인 동일성과 연속성에 대한 믿음을 크게 증진했다. 기계식 시계는 시간을 별개의 단위로 끊임없이 반복적으로 나누는 장치이

다. 시계는 1시간을 60분으로, 다시 1분을 60초로 균일하게 쪼개고 측정할 수 있게 한다. 이제 시간은 양적으로 균등하게 나누고 측정할 수 있게 된다. 이러한 변화는 전통적인 시간 의식인 순환시간을 새로운 직선식 시간으로 대체하였다. 이제 시간은 미래를 향해 열린 긴 직선으로 생각되며, 그 직선 위의 한 지점에서 앞으로 자신이 가야 할 미래를 볼 수 있다. 인간은 그 시간을 쪼개어 활용하여 미래를 설계하고 투자한다.

근대의 새로운 시간 의식은 인간의 생활 전반에 점점 큰 영향력을 행사하고, 우리의 사고방식에도 영향을 미쳤다. 인간은 새로운 시간 의식의 도래와 더불어 새로운 삶의 방식을 익히고 지켜야 했다. 예를 들어, 한 도시에서 출발하여, 몇몇 다른 역을 거쳐 다른 도시까지 이동하는 운송시스템을 생각해 보라. 그것은 같은 시간 측정 도구가 없이는 거의 불가능하다. 운송시스템의 확립은 인간에게 시간 지키기를 요구한다. 이제 사람들은 그 버스가 몇 시에 출발하는지를 알고, 그 시간에 맞추어 출발 장소로 나가야 하고, 몇 시에 도착하는지를 알고 그 이후의 일정을 잡아야 한다. 오늘날 버스나 기차, 심지어 비행기 등 모든 운송시스템이 공통된 시간 의식과 시간 지키기에 의해 움직인다. 아니 사실은 그 시간 시스템에 우리의 삶을 맞추며 살아가고 있다.

우리의 삶은 이제 공간 중심에서 시간 중심으로 바뀌었다. 오늘날 어른은 어느 시대의 인간보다 더 시간을 의식하며 살아간다. 어른은 잠들기 전부터 일어나야 하는 시간을 알려 주는 시계의 알람 기능을 맞춘다. 눈을 뜨는 순간부터 세수하고 밥 먹고 출근하는 모든 행위가 시간을 의식하며, 시계를 보며 이루어진다. 직장에서의 일과 역시 끊임없이 업무와 일정을 소화하며 시간을 의식하고, 벽걸이 시계나 손목시계, 혹은 스마트 폰의 시계를 쳐다보고 확인한다. 물론 과거 사람들 역시 하루를 쉬지 않고 열심히 일했지만, 오늘날의 어른처럼 거의 매일, 매주 시간을 의식하며 생활하지는 않았다.

중세의 시간을 알려 주던 종탑의 종이 기계식 시계로 대체되고, 휴대용 손목시계나 다양한 디지털 기기가 등장하며, 우리의 삶은 마치 무엇인가에 쫓기는 사람처럼 시간에 쫓겨 살아간다. 오늘날 어른의 삶은 시간의 일정표에 따라 움직이는 기계와 다르지 않다. 어른은 수첩이나 휴대전화에 하루의 약속된 일정을 기록하고 확인한다. 그 일정표는 자신이 해야 할 일을 기록해 둔 것이지만, 다른 한편 언제 어디로 가야 하는지를 알려 준다. 어른은 이제 어느 시대의 사람들보다 자신의 일정표 상의 시간을 확인하고 지켜야 하는 압박을 받고 있다. 이제 어른은 시간의 벗이 아니라 시간의 노예이다.

★ 시간 관리와 성공

어른의 세계와 그 삶의 트랙은 한 방향을 향해 뻗은 도로와 같다. 그리고 인생은 그 도로 위를 달리는 것이다. 그들이 달리는 속력과 거리를 알면, 어느 정도의 시간이 걸렸는지 측정할 수 있다. 어른은 더욱 빠른 속력으로 다른 사람보다 더 멀리 가는 것을 인생의 성공이라고 생각한다. 우리가 인생의 트랙 위를 같은 속력으로 달린다고 가정하면, 다른 사람보다 빨리 성공에 도달하는 하나의 방법은 시간을 아끼는 것이다. 어른의 세계는 생의 시간을 즐기며 창조하는 것이 아니라, 분초를 아껴 달려가야 하는 마라톤 경기이다.

이제 인간은 시간과 싸워야 하고, 투쟁해야 한다. 시간의 관리는 성공에 이르는 길, 자본의 축적과 진보의 상징이다. 경제적인 관점에 따르면, 시간은 곧 돈이다. 어른은 시간을 알려 주고 측정할 수 있는 도구, 시계를 사용한다. 시계는 우리가 어떤 삶의 목적을 향해 가고 있다는 사실을 알려 주는 도구, 즉 우리가 어디까지 왔으며 앞으로 어디로 얼마나 더 가야 하는지를 알려 준다. 시계는 우리에게 무엇인가를 계획하고, 실행하는 과정에서, 시간을 거저 흘려보내서는 안 된다는 사실을 자각시킨다. 오늘날 우리는 시간과의 싸움에서 이길 수 없다. 우리가 시간을 계획하고 관리하며 사용하면 할수록, 더 많은 일과 일정으로 채워지기 때문이다.

노동자는 더 빨리 움직이며 일해야 하고, 자본가는 기다리는 시간을 줄이는 다양한 방법을 연구하고 적용한다. 빨리! 빨리! 시계는 이제 우리에게 더 빨리, 더 많은 일을 하도록 명령한다. 즉 걷는 것 보다는 뛰는 것, 뛰는 것보다는 자동차 타기를 강요한다. 그래야 더 많은 곳으로 다니며, 더 많은 일을 할 수 있기 때문이다. 어른은 이것이 우리의 삶을 더 행복하게 하고 더 나은 미래를 보장하는 것처럼 생각한다.

시간의 환상은 오래가지 않는다. 이제 어른은 시간의 딜레마에 빠져 있다. 우리는 더 빨리 일하고 더 많이 일할수록 시간에서 벗어나지 못한다는 것을 안다. 우리의 삶은 더 빨리 일할수록 더 많은 일로 채워지며, 갈수록 선택할 수 있는 자유 시간, 자기 시간은 줄어든다. 이제 어른은 더 많이 일하고, 더 많이 소비하고, 더 많이 이동하고, 더 많이 다녀야 한다. 삶의 속도를 높일수록 삶의 피로와 스트레스는 가중된다. 이제 어른은 시간의 주인이 아니라 시간의 노예이다.

어린왕자와
친구 되기

우물을 찾으러 가

동행

★ 친구를 가진다는 것

비행기가 사막에 불시착한 지 6일째 되는 날이다. 이제
마지막 남은 한 방울의 물도 떨어지고, 아직도 비행기를 고치지 못했다. 이제
진짜 생사가 문제가 되는 한계 상황, 위기 상황이다. 어른의 조바심과 걱정은
그 한계를 드러내기에 이른다. 하지만 어린왕자는 그동안 여우와의 만남을 이
야기하며, 배고픔도 갈증도 느끼지 않는다. 그는 마치 자신에게 닥친 위험을 모
르는 양 태연하다.

"내 친구 여우는⋯." 어린왕자가 말했다.
"꼬마야! 여우 이야기를 할 때가 아니야!"
"왜요?"
"목이 말라 죽을 지경이니 말이야⋯."
그는 내 말을 듣지 못한 듯 이렇게 말했다.

"죽어 간다고 해도 친구가 있다는 것은 좋은 일이야. 나는 여우 친구가 있다는 게 기뻐…."

'어느 정도 위급한지 아직 모르는군.' 하고 나는 생각했다. 그는 배고픔도 갈증도 느끼지 않았다. 햇빛만 조금 있어도 그는 만족했다.

어린왕자는 위기의 순간에도 "죽는다고 해도 친구를 가지고 있다는 건은 좋은 일이야"라고 말한다. 그는 여우 친구가 있다는 것이 무엇보다 기쁘다. 반면, 어른은 이 황량한 사막 한가운데 내던져진 채 생존의 위기를 걱정하고 있다. 언제 이 위기에서 벗어날 수 있을지 장담할 수도 없다. 이럴 때 한 명의 진정한 친구조차 없는 삶이라면, 그것은 슬픈 삶이며, 비극이다. 우리를 기억해 줄 한 사람도 없다면, 그것은 이 세상에 그저 왔다가 그저 가는 것이다. 우리는 누군가를 길들이고 관계하지 않았기에, 누군가의 기억 속 한 장면도 장식하지 못한다. 이 시대 어른의 슬픈 자화상이다.

인생을 이해하는 일은 생의 위기 상황을 걱정한다고 해결되는 것은 아니다. 중요한 것은 생의 마지막 순간까지, "우리가 어떤 세계에 발 딛고, 어떤 눈으로 세상을 보며 살아갈 것인가"이다.

어린왕자는 말했다.

"나도 목이 말라요 … 우물을 찾으러 가…."

나는 소용없다는 몸짓을 했다. 광활한 사막에서 무작정 우물을 찾아 나선다는 것은 무모한 일이기 때문이다. 그렇지만 우리는 걷기 시작했다.

어른은 어린왕자의 그 말에 소용없다는 몸짓을 하면서도 그와 걷기 시작한다. 광활한 사막에서, 서로의 갈증을 해결해 줄 우물을 찾으려는 동행이 시작된 것이다. 그들은 이제 우물을 찾으러 길을 나선 길동무이다. 그들은 서로를 길들이는 첫발을 시작한다. 그들은 끝없이 펼쳐진 광활한 사막을 이동하며 상대방의 호흡과 숨소리를 듣는다. 그들은 서로의 길을 배려하며, 상대에게 말을 건네고 응답한다. 그 길은 상대가 보는 것을 보고, 상대가 듣는 것을 들으며, 상대의 감탄에 기꺼이 함께하는 마음의 여정이다.

★ 어른과 어린왕자의 동행

어른은 어린왕자와 동행을 결단한다. 그의 선택은 누구와도 나눌 수 없는 그만의 삶의 무게이다. 인간의 삶의 무게는 누구나 같다. 그것은 한 인간의 삶의 선택 혹은 결단이라는 점에서, 삶의 무게는 사장과 직원, 부자와 노숙자 등 모두에게 같다. 각자 자신의 삶을 선택한다는 점에서 그 선택은 각자의 것이고, 그 선택에 따른 책임 역시 그 자신이 감내해야 한다. 사회적 역할과 지위에 따른 선택의 무게는 다르다고 할 수 있지만, 그 개인의 삶의 선택에서는 누구나 같은 무게를 지닌다. 어른과 어린왕자의 동행의 결과는 누구도 알 수 없다. 어른이 자신의 마지막 삶의 시간을 그 동행에 맡긴 것이다. 그의 선택은 자신의 책임이기 때문에, 그의 선택은 내면의 깊은 불안을 감추고 있다. 그가 걷는 한 걸음 한 걸음이 곧 미래의 불확실성에 대한 불안의 발걸음이다. 이러한 불안은 인간의 행동과 실천의 조건이다. 인간의 행동과 실천은 불확실한 미래를 향해 한발 한발을 내디디며, 그 미래를 현실로 만든다.

인간은 어떤 누구의 도움도 없이 자신의 결단으로 매 순간 자신을 창조하는 존재이다. 인간은 자기 존재를 선택하고 결단하는 존재이다. 인간은 각자 그 자신의 미래이다. 그리고 인간은 자신의 행동과 실천으로 만들어 낸 현실의 결과에 대한 책임을 감내해야 한다. 이와 같은 불안 의식 자체가 곧 인간이 자유로운 존재임을 말한다. 사르트르의 표현대로, 인간은 자유롭도록 선고받은 존재이다.

"인간은 자신을 창조한 것이 아니므로 선고를 받은 것이며, 세상에 한번 내던져지자 그가 행하는 모든 행위에 책임 있으므로 자유로울 수밖에 없다."

그 어른의 선택은 인간의 고독을 대변한다. 아이의 말을 믿고, 우물을 찾으러 갈 것인가, 말 것인가? 어른은 이 선택에 누구의 도움도 받을 수 없지만, 결단해야 한다. 그런 결단을 해야 하는 인간은 고독할 수밖에 없다. 인간이 자유로운 존재라면, 그 자신이 선택해야 한다는 뜻이며, 이 점에서 인간 존재는 고독한 존재이다. 동시에 그 고독은 불안을 수반한다.

★ 사막은 아름다워

그들은 몇 시간을 말없이 걸었고, 사막에는 어둠이 내리고 별들이 불을 밝히기 시작한다. 그들은 지쳐 있었고, 주저앉았다.

"별들은 아름다워. 보이지 않는 한 송이 꽃 때문에…."

"그렇지." 나는 이렇게 답하고, 말없이 달빛 아래 펼쳐진 모래 언덕을 바라보았다.

"사막은 아름다워요." 그가 다시 말했다.

...

"사막이 아름다운 것은 어딘가에 샘이 있기 때문이죠…." 어린왕자가 말했다.

"그래. 집이나 별 또는 사막을 아름답게 하는 것, 그것은 눈에 보이지 않는 법이지!" 내가 어린왕자에게 말했다.

"아저씨가 나의 친구 여우와 같은 생각이어서 기뻐." 그가 말했다.

어린왕자는 여우를 길들임으로써 그의 친구가 되었다. 그리고 어른은 그와의 동행을 통해 친구가 된다. 우리가 어떤 비참한 생의 순간을 지나고 있어도 삶은 아름답다. 그것은 사막이 샘을 감추고 있는 것처럼, 우리 인생은 우리가 간절히 원하는 것(눈에 보이지 않는 것)을 감추고 있기 때문이다. 이제 어른은 자신의 어린 시절 이후 자신이 진정으로 되고자 했던 존재로서, 어린왕자 곁에 있다. 아마 그는 그 순간 이제 그 아이를 단순한 한 아이가 아니라 진정 어린왕자로 보았을 것이다. 이제 어른과 어린왕자는 친구가 되고, 물을 찾아 나선 길동무가 된다. 그들은 서로를 길들인 것이다. 친구가 있고, 길동무가 있는 삶의 여정은 아름답다.

"별들은 아름다워. 보이지 않는 한 송이 꽃 때문에…."

어린왕자가 사는 별은 아주 작고 볼품없는 별이지만 아름답다. 어른은 이제 어린왕자의 별이 얼마나 아름다울 수 있는지 이해한다. 그의 별은 여느 다른 별과 마찬가지로 평범한 별일 수 있지만, 그곳은 그가 길들인 한 송이 꽃이 있는 별이다. 나아가 자신의 길동무가 살던 별이기도 하다. 어린왕자와 한 송이 꽃의 길들임의 현장이며, 삶의 추억이 깃든 곳이다. 우리는 그 자그마한 별이 얼마나 빛날 수 있는지 알며, 얼마나 우리의 시선을 사로잡는지를 이해한다. 우리가 그 작은 집 한 채만 한 별이 걱정스러울 때, 그것은 우리가 이미 어린왕자의 친구이기 때문이다. 별들은 아름답다. 그 별들은 우리와의 관계에서 수많은 가능성으로 열려 있을 뿐 아니라, 우리에게 수많은 이야기, 추억을 떠올리기 때문이다.

"사막은 아름다워."

사막은 도시의 화려함도 없고, 재미와 즐거움을 주는 곳도 아니다. 지나가는 사람조차 없는 메마르고 황폐한 공간이다. 사막은 모래 언덕 위로 올라 사방을 둘러봐도 모래 언덕의 연속, 특별할 것은 아무것도 보이지 않는다. 지구별 사막은 아름답다. 사막은 아무 소리도 들리지 않고, 우리의 시선을 끄는 특별한 것도 없다. 어린왕자와 동행하는 어른은 오랫동안 사막을 사랑해 왔다. 그는 이제 아무것도 보이지 않고 들리지 않는 곳에서, 그 침묵의 현장에서 빛나는 것이 있음을 안다. 그는 그곳에서 수많은 것을 보고 들을 수 있다. 사막은 우리가 원하는 것을 감추고 있으므로 아름답다. 어린왕자의 말처럼, "사막이 아름다운 것은 그것이 어딘가에 샘을 감추고 있기 때문이다." 우리가 사막으로 간다는 것은 파라솔 아래에서 와인을 즐기며 식사를 할 수 있는 오아시스를 찾아가는 것이 아니다. 그것은 사막의 어딘가에 있을 우물을 믿는 것이다.

★ 마음의 눈

　어른은 잠든 어린왕자를 안고 다시 걷기 시작했다. 이제 그는 어린왕자의 친구이며, 벗이다. 어른과 어린왕자는 마음의 눈으로 세상을 보며 동행하는 친구를 이해한다. 어린왕자의 친구가 된 어른은 이제 새로운 눈으로 세상을 보기 시작한다. 감각의 눈이 아니라, 마음의 눈으로 세상을 보게 된 것이다. 세계를 보는 새로운 눈을 가진 그에게 이 세계는 밝게 빛나는 아름다운 세계이다.

　어린왕자가 잠이 들자 나는 그를 안고 다시 걸었다. 나는 감동이었다. 깨지기 쉬운 어떤 보물을 안고 가는 기분이었다. 마치 이 지구에는 그보다 더 연약한 존재는 없는 듯한 느낌마저 들었다. 창백한 이마, 감겨 있는 눈, 바람결에 나부끼는 머리칼을 달빛 아래서 바라보며 나는 생각했다. '여기 보이는 것은 껍데기일 뿐이야. 가장 중요한 것은 눈에 보이지 않아….'

　어른은 부서지기 쉬운 보물과 같은 어린왕자를 안고 있다. 그에게 어린왕자는 이제 감동 그 자체이다. 그것은 어린왕자의 외모 때문이 아니다. 그런 것은 모두 껍데기일 뿐이다. 그의 눈동자가 어떤 색이며, 그의 머리칼이 어떠하며, 그의 피부가 어떠한지는 이제 중요하지 않다. 가장 중요한 것은 눈에 보이지 않는다. 지구별 어른은 감각의 눈에 보이는 아름다움만을 추구한다. 여기 어른은 이제 눈에 보이지 않는 것을 볼 수 있는 새로운 눈을 가졌다.

어린왕자가 어른을 감동하게 한 것은 그런 외모가 아니다. 한 인간의 가치와 의미는 그 존재의 외적인 조건에 의해 결정되는 것이 아니다. 중요한 것은 그가 다른 존재와 어떤 관계를 맺어 왔으며, 그것을 위해 어떤 노력을 했는가이다. 그것은 감각의 눈에 보이지 않는다. 하지만 인간의 삶을 아름답게 하는 것은 그 개인의 결단과 자신의 선택에 충실하려는 성실성이다. 어린왕자도 작은 한 송이 꽃에 바친 성실함으로 더 빛난다.

나는 생각했다.

'이 잠든 어린왕자가 나를 이토록 감동시킨 것은 한 송이 꽃에 대한 그의 성실함, 즉 그가 잠들었을 때도 등잔의 불꽃처럼 마음속에서 빛나는 한 송이 장미꽃의 모습이다…' 그리고 그가 더욱 부서지기 쉬운 존재라는 느낌이 들었다. 등잔의 불은 잘 보호해야 한다. 한 줄기 바람에도 그것은 꺼질 수 있다.

어린왕자의 마음에는 빛나는 한 송이 장미꽃이 자리하고 있다. 이제 그것을 볼 수 있는 마음의 눈을 가진 어른에게 어린왕자는 부서지기 쉬운 소중한 존재이며, 특별한 존재이다.

우리의 삶은 어떤가? 우리는 어떤 존재와 어떤 관계를 맺고 있으며, 그것을 위해 어떤 노력을 하고 있는가? 자신의 마음을 떠나지 않는 찬란히 빛나는 한 송이 장미꽃이 있는가! 만약 한 송이 장미꽃을 피워 본 사람이라면, 그 한 송이 장미꽃이 얼마나 소중하며 특별한지 안다. 우리는 자신이 피워 낸 그 한 송이 장미꽃으로 말미암아, 서로 소중한 존재가 된다. 이제 어른은 어린왕자의 마음 속에서 빛나는 지구별 어른이 된다. 이제 그 빛나는 어른의 모습을 비치는 그 부서지기 쉬운 어린왕자를 잘 보호해야 한다. 한 줄기 바람에도 꺼지기 쉬운 램프의 불을 잘 보호해야 하는 것처럼 말이다.

★ 어린왕자, 그는 빛이다.

어른은 이제 마음의 눈으로 세계를 본다. 어른은 어린왕자가 얼마나 소중한 존재이며, 그를 위해 무엇을 해야 하는지를 안다. 그는 어른의 마음을 여는 빛이다. 어른은 이제 그 빛을 볼 수 있는 눈을 가졌다. 마음의 눈을 가진 인간 역시 빛이다. 인간의 마음의 눈이 곧 빛이다. 이 빛으로 모든 것이 새롭게 드러난다. 마음은 그 자체 홀로 존재하지 않는다. 마음은 언제 어디서나 그곳에서 관계로서 존재하며, 그 관계의 대상을 드러낸다.

먼저 인간은 자연의 빛이다. 이 말은 인간의 이성적인 능력으로 자연을 지배하고 통제할 수 있다는 의미가 아니다. 그것은 감각의 눈을 지닌 어른이 자연과 관계하는 방식이다. 어른은 자연이 단순히 인간 삶의 수단이며, 필요하다면 언제든지 자연의 질서에 개입하고 통제할 수 있다고 생각한다. 어른은 인간이 자연의 주인이라고 생각한다. 오히려 인간은 그 자연의 가능성이 온전히 열려 있도록 배려하는 존재이며, 자연과의 관계 속에서 자연의 다양한 가능성을 열어 내는 존재이다. 황량한 사막이 어떻게 아름다울 수 있을까? 그것은 황량한 사막에서 감각의 눈에 보이지 않는 소중한 것을 볼 수 있는 빛이기 때문이다.

인간은 자신의 존재를 드러내는 빛이다. 그는 자기 자신의 존재를 선택함으로써, 자기 존재를 드러내는 빛이다. 그는 캄캄한 미래를 향해 불을 밝혀 자신의 길을 내며 나아가는 존재이다. 우리는 누구나 자기 존재의 빛이다. 우리는 각자 자기 존재의 빛이며, 동시에 타인의 빛이다. 인간의 삶은 곧 관계의 삶이기 때문에, 우리는 자신을 선택함과 동시에 다른 사람과 상황을 선택한다. 우리는 타인과의 관계를 통해 아름다운 삶을 심고 가꾸는 관계의 빛이다. 하지만 빛은 언제나 어두워질 수 있다. 혹은 한 줄기 바람에도 쉽게 꺼질 수 있다. 인간은 그 빛을 잘 보호해야 한다. 어른은 자신의 감각의 눈이 이 빛이 있어 볼 수 있다는 것을 모른다. 인생의 빛, 어른의 마음속에서 빛나는 어린왕자는 감각의 눈에 보이지 않는다. 그것은 마음의 눈으로 보아야 한다.

우물

잠에서 깨어나자

지구별 도시의 어른은 어떻게 살까? 그들은 급행열차에 몸을 싣고 아침부터 저녁까지 매일 매일 무엇인가를 찾는다. 하지만 그들은 자신이 진정으로 찾아야 할 것이 무엇인지 모른다. 그들의 반복되는 일상은 멈추지 않는다. 도시는 시간이 멈춘 곳, 시간의 공동묘지와 같다. 언제 시간이 다시 흐를까? 반복되는 일상이 언제 찬란히 빛나는 강물처럼 흐르는 삶이 될까? 인생을 이해하려고 노력하는 어른은 안다. 인간을 인간답게 하는 좋은 삶, 인생을 아름답게 만드는 것은 감각의 눈에 보이지 않는다. 많은 돈, 높은 지위, 명예, 성공은 사람의 인생을 아름답게 하지 않는다. 감각의 눈에 보이는 것은 껍데기일 뿐이다. 인생을 이해하기 위한 새로운 눈(마음의 눈)을 가져야 한다.

어른은 부서지기 쉬운 보물과 같은 느낌이 드는 어린왕자를 안고 사막의 밤길을 걸었다. 새벽 동이 틀 무렵 우물을 발견한다.

"이상하군." 내가 어린왕자에게 물었다. "모든 게 갖추어져 있잖아. 도르래, 물통, 밧줄…."

그는 웃으며 줄을 쥐고 도르래를 끌어당겼다. 그러자 바람이 한동안 잠잠할 때 낡은 풍차가 삐걱거리듯, 도르래는 그렇게 삐걱거렸다.

"들리죠." 어린왕자가 말했다. "우리가 잠에서 깨어나게 하죠. 이 우물이 노래하잖아요."

나는 그에게 힘든 일을 시키고 싶지 않았다.

"내가 할게." 내가 말했다. "너에게는 너무 무거워."

…

"이 물을 마시고 싶어요." 어린왕자가 말했다. "물을 좀 줘…."

그러나 나는 그가 무엇을 찾고 있었는지를 깨달았다.

어른과 어린왕자가 찾은 우물에는 이미 모든 것이 갖추어져 있다. 즉 도르래와 물통, 밧줄이 이미 준비되어 있었다. 그것들은 아직 단지 그곳에 있는 하나의 사물일 뿐이다. 그 사물들은 오랫동안 자신들의 이름을 불러 주기를 기다리며 그곳에 있었다. 자신들을 향해 누군가가 손길을 내밀어 주기를 기다리며 말이다. 그 도르래와 물통, 밧줄 사이에 어른과 어린왕자가 등장했다. 그들의 이름을 불러 주고, 손길을 내밀어 줄 존재가 등장한 것이다. 어른과 어린왕자의 등장은 전혀 새로운 세계의 등장을 알린다. 그것들은 인간의 손길을 통해 그 존재 가능성을 개시하고, 다른 사물들과의 관계성을 드러낸다. 어린왕자가 줄을 잡고 도르래를 잡아당기자, 도르래는 낡은 풍차가 삐걱거리듯 소리를 내며

깨어났다. 도르래가 소리를 내고, 물통이 바닥에 닿자, 우물이 일렁이며 잠에서 깨어났다. 우물은 마치 기다렸다는 듯 잠에서 깨어났다. 그리고 어린왕자의 손길에 응답했다.

사막은 생명체가 살기 어려운 황량한 공간이다. 어른이 구축한 인류 문명의 상황이 그렇다. 최악의 상황 가운데 하나는 인류가 서로를 상대로 전면전을 벌이는 전쟁이다. 전쟁은 인간이 구축한 문화적 공간과 인간관계를 송두리째 뒤흔들고, 서로 쫓고 쫓기는 존재로 만든다. 전쟁은 인간의 비극이며 좌절이고, 문명의 실패이다. 이것은 사막에 불시착한 비행기 조종사의 상황과 다르지 않다. 어린왕자는 말한다.

"사막은 아름답다."

인간의 비극, 문명의 실패를 눈물로 경험하고 뼈저리게 겪어야 하는 전쟁이라는 삶의 현실이 아름답게 보이는가? 하지만 어린왕자는 말한다.

"사막이 아름다운 것은 사막이 어딘가에 샘을 감추고 있기 때문이지…."

이 비극과 실패를 극복하고, 아름다운 삶에 대한 갈망과 갈증을 해결해 줄 샘은 먼 곳에 있는 것이 아니다. 그 샘은 천상의 빛으로 가득한 저 먼 하늘나라에 있는 것이 아니다. 그 샘은 바로 비극을 겪으며 좌절하고, 문명의 실패를 온몸으로 체험해야 하는 지금 바로 여기 이곳에 있다. 우리의 갈증을 해결해 줄 우물은 바로 사막 가운데 있다.

사막은 물음을 던지는 곳이며, 해답을 구하는 곳이다. 우리는 황량한 사막에서 생의 위협에 쫓겨도, 자기 곁의 어린 영혼을 보고, 우물을 찾아 동행할 수 있다면, 우리는 바로 그곳에서 우물을 발견하게 될 것이다. 우리는 인생의 사막을 건너는 생의 한가운데에서 자신의 우물을 만나게 될 것이다. 사막은 어딘가에 샘을 감추고 있겠지만, 그것은 우리가 찾으려고 노력하고, 그것을 볼 수 있는 눈을 가질 때 자연스럽게 드러난다. 우물은 우리의 갈증을 해결해 준다.

★ 마음으로 찾아야 해

지구별 어른이 찾으려는 것은 무엇인가? 그것은 어디에서 찾을 수 있을까? 어린왕자는 말한다. 그것은 오천 송이 장미꽃에서 발견하지 못할 수도 있고, 단 한 송이 꽃과 물 한 모금에서 찾을 수도 있다. 그것은 왜 오천 송이 장미꽃에서 볼 수 없단 말인가? 그것은 어떻게 한 송이 꽃과 물 한 모금에서도 찾을 수 있는 것인가? 우리가 그것을 볼 수 있는 눈을 가진다면, 어디에서나 볼 수 있기 때문이다. 하지만 그 눈은 무엇이며, 무엇을 보는 눈인가?

어린왕자는 말한다.
"눈은 보지를 못해. 마음으로 찾아야지."

어른은 감각의 눈으로 세계를 본다. 그것은 그 자체로 존재하는 사물을 보는 눈이다. 어른과 어린왕자가 등장하기 전, 도르래와 물통, 밧줄은 그 자체 존재하

242

는 하나의 사물처럼 존재했다. 그것들은 그 자체로 존재하기에 다른 존재와 관계해야 할 필요가 없다. 그런 사물들은 아무것도 만들어 내지 못한다. 다만 자신들을 향해 누군가가 손길을 내밀어 주기를 기다리고 있을 뿐이다. 감각의 눈은 관계한다는 것의 진정한 의미를 보지 못한다.

우리의 갈증을 해결해 줄 우물을 어떻게 찾을 수 있는가? 그 우물은 어른과 어린왕자의 하룻밤의 동행, 도르래의 노래, 자신의 두 팔의 노력으로 태어난 것이다. 그것은 우리의 갈증을 해결해 줄 물을 찾아 나서려는 결단에서 시작한다. 그리고 진정 소중한 것을 찾으려는 인간의 연대와 동행을 통해, 바로 그 과정을 통해 만나게 된다. 우리는 그런 관계와 길들임의 과정을 통해, 마음의 눈을 가지게 된다. 아니 마음의 눈을 가질 때, 관계와 길들임의 진정한 의미를 알게 된다. 마음의 눈은 관계를 밝히는 빛이다. 마음의 눈을 가진 인간은 세계의 빛이다. 그 빛으로 세상에 은폐된 것들이 드러나고, 제 자리를 찾는다. 빛으로 세계를 밝히는 인간, 이것이 우리가 찾아야 하는 진정한 모습이다. 하지만 그것은 감각의 눈에는 보이지 않는다. 마음으로 찾아야 한다. 어른은 장미정원에서 오천 송이 꽃을 가꾸지만, 그 속에서 자신이 찾아야 할 것을 보지 못한다. 하지만 마음의 눈을 가진 이는 한 송이의 장미꽃, 한 모금의 물에서도 찾을 수 있다.

한 명의 화가가 있다. 그는 텅 빈 흰색 화선지나 화폭을 마주한다. 그는 매일 조금씩 침묵 속에서 그 곁으로 다가간다. 그는 그 화선지와의 거리를 좁히고 마음을 연다. 그는 그 화선지나 화폭에 시선을 보내고, 말을 건네며 시간을 나눈다. 그것은 서로를 길들이는 시간이며, 관계의 시간이다. 어느 순간 화가는 그동안의 길들임과 관계를 화폭에 담는다. 아니 서로 길들이며 관계 맺은 내용이 화가의 손끝을 통해 화폭으로 옮겨진다. 이제 물감은 화폭 위에 하나의 그림으로 피어난다. 화가는 그 화폭과 물감과의 길들임과 대화를 통해, 그 가능성 중의 하나, 즉 하나의 그림으로 태어난 것이다. 그 그림을 통해 하나의 작은 세계가 드러난다.

우리가 한 화가의 그림을 감상한다는 것은 무엇을 보며, 무엇을 느끼는 것일까? 그림은 화가가 만든 그 자체 하나의 독립된 객체가 아니다. 그림은 그 자체로 존재하는 사물이 아니라, 하나의 세계를 지시한다. 그 세계를 드러내는 수많은 대상과 관계를 지시한다. 그 그림은 화가의 손길을 기다리던 텅 빈 화폭을 지시하며, 그 화폭을 응시하던 화가의 시선을 담고 있다. 그리고 그림은 화폭을 오가는 화가의 손놀림과 그 손놀림 속에서 새롭게 자신의 얼굴을 드러내는 물감을 지시한다. 그림은 그 자체 수많은 관계를 지시하며 담고 있는 세계이다. 그 세계의 한가운데 화가가 있다. 화가는 붓과 물감, 화폭 등 많은 사물의 가능성을 자신의 작품 속에서 드러낸다. 그는 잠들어 있던 사물의 가능성을 깨워, 하나의 새로운 얼굴로 그 현실성을 드러내는 존재이다. 화가는 그 사물들의 빛이며, 그 사물을 통해 하나의 세계를 보는 눈이다. 우리는 화가의 작품을 감상하며, 그가 사용한 붓과 물감, 화폭 등 도구들과 그 도구로 빚은 그림을 볼 수 있지만, 나아가 많은 것을 통해 드러나는 하나의 세계를 볼 수 있다. 그 세계는 화가가 가졌던 시선, 마음의 눈으로 보아야 한다. 인간은 세계를 구축하는 존재이며, 그 세계를 개시하는 존재이다.

어린왕자의 선물

저 하늘을 바라봐

★ 이별의 순간

어린왕자는 이제 자신의 여행을 마무리해야 한다. 어린 왕자는 지구별에서 처음 만난 뱀과 다시 마주한다. 뱀은 어린왕자가 원한다면, 자신이 왔던 곳으로 되돌려 보낼 수 있다. 여기서 어린왕자는 이별 혹은 죽음을 예견하고 있다. 인간은 세계와의 이별, 혹은 죽음을 의식하는 존재이다. 이 점은 인간을 다른 존재와 구별 짓는 중요한 특징이다. 인간은 자신이 언젠가 죽는다는 사실을 이미 알고 있다. 동물들은 하루하루 살면서 자신의 생을 연장하고, 그 생을 연장할 수 있는 시간만큼 죽지 않으려 노력한다. 하지만 인간은 단순히 생의 연장이 아니라, 죽음의 상황을 의식하며 그것을 극복하려고 하지만, 자신이 죽어야 한다는 사실을 의식하며 산다. 이 점에서 동물은 인간보다 더 행복한지 모르겠다!

인간은 자신이 의식하는 죽음이 언제 어떻게 어떤 방법으로 다가올지 모른다. 다만 자기 주변의 죽음을 통하여 단지 간접적으로 죽음을 경험하고, 죽음을 기억할 뿐이다. 인간은 끊임없이 죽음에 저항하며, 죽음을 극복하려고 하고, 불멸성을 꿈꾼다. 여기서 죽음은 인간 실존의 중요한 문제 상황이다.

죽음의 문제 역시 다양한 관점에서 바라볼 수 있다. 먼저 생물학적인 관점에서 생각해 보자. 인간도 다른 동물과 마찬가지로 먹고 자라지만, 어느 순간 자신의 생명 활동이 멈추는 순간이 닥친다. 죽음은 더는 생명체로서 자신의 생명을 연장할 수 없다는 것을 의미한다. 이것은 죽음을 단순히 생명의 부정으로 보는 것이다. 이 점에서 죽음은 인간을 대단히 무력하고 수동적으로 만든다.

인간의 삶은 생물학적인 측면에서 한 개체의 죽음을 극복하지 못한다. 이 엄연한 사실에도 불구하고, 인간은 이 거부할 수 없는 사실을 불만스러워한다. 그러한 인간은 종교적인 보상과 위안을 얻고자 한다. 그들은 현실의 삶이 끝이 아니라, 또 다른 세계 즉 사후 세계를 생각한다. 그들은 현실 세계 속에서 다음 세계를 여행하기 위해 준비한다. 그 가운데 하나는 현실 세계와 사후 세계를 여행하는 불멸의 주체, 즉 영혼의 불멸을 믿는 것이다. 종교적 성향의 인간은 사후 세계의 존재, 영혼, 육체의 부활 및 영혼의 윤회 등 다양한 종교적 수사를 통해 자신의 불멸성을 설계한다. 그 교리를 믿는 수많은 성직자는 그런 개념을 설파하고 다닌다.

모든 생명체는 생물학적인 관점에서, 특정 개체의 죽음을 발판으로 종의 연속성을 이어 간다. 즉 개체의 죽음을 통해 종의 연속성을 보장받는 것이다. 인간은 사회의 구성원이 됨으로써 자신의 삶을 보존할 뿐 아니라 죽음을 극복하는 힘을 키운다. 인간은 자식을 낳고 키움으로써 자신의 유한성을 극복하려고 한다. 즉 개인은 죽지만 인간의 사회는 유지되기 때문이다. 여기서 죽음은 단순한 생명현상의 정지가 아니라, 더는 다른 사람들과 더불어 있을 수 없다는 의미를 지닌다. 인간의 삶은 다른 사람들과 더불어 그사이에 존재하는 것이지만, 죽음은 더는 그사이에 존재할 수 없다는 것, 그들에게서 떠나야 한다. 여기서 우리는 한 인간의 삶을 기억하고 추억하며, 그 죽음을 애도하고 슬퍼할 수 있다. 인간의 삶은 사회적으로 그 개인의 고유한 삶인 것처럼, 죽음 역시 그 개인의 고유한 사태, 개인마다 다른 죽음이 된다.

★ 웃을 줄 아는 별

어린왕자는 이제 자신의 별로 돌아가야 한다. 어린왕자는 지구별에 첫발을 디딘 사막에서 이별 혹은 죽음을 맞이할 준비를 한다. 어린왕자는 이별에 앞서 다시 한 번 말한다.

"중요한 것은 눈에 보이지 않아…."

"꽃도 마찬가지야." 어린왕자의 별에는 자신이 사랑했던 한 송이 꽃이 있다. 그 특별한 한 송이 꽃은 소중한 존재이며, 그 꽃이 피어 있는 자신의 별 역시 마찬가지이다. 저 하늘을 바라보는 것은 얼마나 즐거운 일인가! 저 하늘에는 자신의 별과 한 송이 소중한 꽃이 피어 있다. 어린왕자가 저 하늘을 바라보며 자신의 별을 생각할 때, 그의 마음 가득 한 송이 꽃이 피어난다. 마음 가득 한 송이 꽃을 품은 사람에게, 모든 별은 한 송이 꽃처럼 보일 수밖에 없다. 그 한 송이 꽃이 이 세상을 온통 꽃으로 물들일 수 있고, 그 꽃들이 활짝 피어날 수 있다. 한 송이 꽃을 사랑한 어린왕자에게, 저 하늘의 별들은 온통 꽃으로 물든 별이다.

"밤이면 별들을 바라봐!"

어른은 이제 어린왕자의 친구이다. 친구가 된다는 것은 자기 곁의 존재에 눈 뜨고, 그의 이야기에 귀 기울이며 응대하는 것이다. 설령 그 환경이 생존의 위협을 느껴야 하는 사막이라도 말이다. 어른은 어린왕자의 별에서의 단조로운 생활, 어른의 별 여행, 지구별에서의 경험을 직접 들었다. 이제 어른의 마음은 자신의 친구인 어린왕자와 그의 여행 이야기로 가득하다. 어린왕자의 별은 너무 작아서 잘 보이지 않는다. 저 하늘 어딘가에 그의 별이 있을 것이다. 어린왕자와의 짧은 만남은 어른의 삶과 생각을 송두리째 변화시켜 놓았다. 그와의 짧은 추억을 생각하며 그 많은 별을 바라보는 것은 즐거운 일이다. 저 수많은 별이 어린왕자와 자신의 추억을 떠올리는 별이 되는 것이다. 어린왕자의 별은 이제 더욱 특별한 별이 된다.

"아저씨에게 선물을 하나 하려고 해…."
어린왕자는 다시 웃었다.
"아, 얘, 나는 그 웃음소리가 좋다!"
"그게 바로 내 선물이 될 거야 … 그건 물도 마찬가지야…."
"무슨 뜻이지?"

저 하늘의 별들은 보는 사람에 따라 서로 다른 모습을 드러낸다. 바다를 항해하는 사람에게 저 하늘의 붙박이별은 방향을 가늠하는 길잡이다. 천문학자에게 하늘의 별들은 우주의 생성과 더불어 태어나며, 아름다운 수학적 법칙 속에서 우주를 떠도는 여행자이다. 천문학자들은 그 별들의 발자취를 좇는다. 화가는 저 하늘의 별들을 화폭에 담고, 사진가는 저 별들의 빛나는 모습을 필름에 담는다. 어린왕자는 말한다. 바다의 사나이들과 천문학자, 화가와 사진가가 보는 별들은 말이 없는 침묵을 지키는 별들이다. 어린왕자는 어른에게 웃음을 선사했다. "아저씨는 이제 누구도 갖지 못한 별들을 가지게 될 거야! 저 하늘을 바라봐. 아저씨는 이제 웃을 줄 아는 별들을 가지게 되는 거야!"

양이 꽃을 먹었을까

커다란 수수께끼

★ 저 하늘의 별들에 귀 기울이면

어린왕자는 자신의 별로 돌아갔다. 어른은 고장 난 비행기를 수리한 후, 자신의 세계로 돌아왔다. 그리고 6년의 세월이 지났다. 6년은 꽤 긴 시간이다. 꽤 많은 시간이 흘렀지만, 그는 어린왕자의 이야기를 누구에게도 하지 않았다. 그는 자신의 마음 한곳에 사막에서의 추억으로 간직하고 지내 왔다. 그래서인지, 사막에서 만난 어린왕자와의 추억과 이별의 슬픔은 아직 완전히 가시지 않았다. 어쩌면 친구를 보낸 슬픔은 여전할지 모른다. 어른은 그 사건 이후 밤이면 별들에 귀 기울이기를 좋아한다. 그러면 저 하늘의 별들은 마치 오억 개의 작은 방울처럼, 나에게 마실 물을 부어 주는 샘물처럼 되살아난다. 우리는 6년이 지나도 이별의 슬픔이 가시지 않을 친구가 있는가? 그는 저 하늘의 별들에 귀 기울이면, 저 하늘의 별들을 오억 개의 작은 방울처럼 되살아나게 하는 친구, 어린왕자가 있다. 저 하늘의 별들은 아름답다. 저 별들 어딘가에 어린왕자의 별이 있기 때문이다.

★ 정말 커다란 수수께끼

어린왕자는 어른이 그려 준 양을 데리고 자신의 별로 돌아갔다. 하지만 어른은 그 양의 굴레에 가죽끈을 붙여 주는 것을 잊었다. 그래서 그는 어린왕자의 별에서 무슨 일이 일어났는지 궁금하다. 양이 꽃을 먹지는 않았을까? 그가 6년이란 시간 동안 친구인 어린왕자의 별을 생각하고 염려할 때마다 세상이 달라 보인다. 하지만 자신의 별에서 어떤 일이 일어나고 있는지 관심조차 없는 어른에게는 저 멀리 조그마한 어린왕자의 별은 그리 중요한 일이 아니다.

어느 때는 '절대, 먹지 않았겠지! 어린왕자는 밤새도록 그의 꽃을 유리덮개로 잘 덮어 놓았겠지. 양을 잘 지켜볼 테고….'라고 생각한다. 그러면 나는 행복해진다. 그러면 많은 별이 모두 부드럽게 웃는다.

어느 때는 '한두 번 방심할 수도 있지. 그러면 큰일인데! 어느 날 밤 그가 유리덮개 덮는 것을 까먹거나, 한밤중에 양이 소리 없이 울타리 밖으로 나왔을지도 몰라….' 하는 생각이 든다. 그러면 작은 방울들은 모두 눈물방울로 변한다.

그것은 정말 커다란 수수께끼이다. 그렇다. 저 하늘에 뜨는 별들은 예나 지금이나 여전히 저 하늘에서 변한 것이 없을 것이다. 하지만 저 별들은 어느 때는 부드럽게 미소 짓는 별들이 되고, 여느 때는 슬픈 눈물방울처럼 다가온다.

그 이유는 무엇인가? 그것은 저 하늘의 별들을 감각의 눈이 아니라 마음의 눈으로 바라보기 때문이다. 감각의 눈은 저 하늘의 별들을 하나의 사물처럼 그 자체로 바라보는 눈이다. 마음의 눈은 관계를 본다. 저 수많은 하늘의 별들은 어린왕자의 별을 떠올리며, 그와의 추억을 되살린다. 저 하늘의 별들은 그 자체가 어린왕자와의 추억이며, 기억이다. 그것은 각자 자신의 삶을 확인하고, 그 삶이 열리는 세계 속의 관계 대상들이다. 그 별에서 무슨 일이 일어나지 않았는지, 혹은 양이 꽃을 먹지는 않았는지 궁금하지 않은가? 이러한 관심 혹은 관

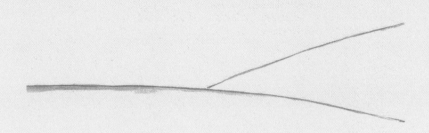

계로 말미암아 세상이 온통 뒤바뀌게 되는 것이다.

　이제 우리는 삶의 수수께끼를 안다. 우리의 삶을 송두리째 뒤흔들어 놓는 삶의 비밀을 안다. 그것은 우리 본래의 삶이 어떻게 가능한지를 가리킨다. 삶의 수수께끼와 비밀은 삶의 기적이다. 기적이 있는 삶! 그것은 감각의 눈이 아니라 마음의 눈으로 보는 것이다. 이제 삶이 기적처럼 새롭게 열린다. 그것은 끝이 아니라 새로운 시작이다.

나오는 글

이제 50을 바라보는 어른이다. 책 속의 한 주인공에게 가슴 설레던 시기가 있었을까. 되돌아보면 기억조차 나지 않는다. 그런 경험이 있었다면 어릴 때의 일이다. 나이가 든다는 것은 어릴 적 감동을 잊는 것인지도 모른다. 그래서 어떤 책을 손에 들어도 읽어야 해서 읽는 책이 되고, 건성으로 대충 읽을 수밖에 없다. 하지만 어린왕자의 이야기를 책으로 출판하며, 책 속의 이야기를 통해 삶의 한 자락을 되돌아보는 계기가 된다. 이 자리를 빌려, 이 책을 통해 옛 기억을 떠올릴 소중한 사람과 책 속에서는 하지 못한 이야기를 해야겠다.

이 책은 처음부터 계획 속에서 이루어진 체계적인 저술의 결과가 아니다. 그것은 어쩌면 수많은 우연한 관계함의 산물이다. 아이들의 동화책을 좋아한다고 해도, 어른이 되어 그것을 다시 읽는 경우는 드물다. 개인적으로 『어린왕자』를 여러 번 읽었지만, 4년 전 인문학을 좋아하는 어른들의 사랑방, 소피아21(Sophia21)에서 실존철학을 소개하는 텍스트로 사용하여 진지하게 다시 읽게 되었다. 사실 그것은 책을 읽고 감동하며 감상을 주고받는 것이 아니라, 인간 존재, 즉 실존을 이해하기 위한 분석적인 책 읽기였다. 어쩌면 그것은 많은 사람이 싫어할 텍스트 읽기의 한 방법이며, 처음부터 나름의 목적과 선입견을 품고 읽는 해석의 한 방법이었다. 2013년 4월 중순부터 2달가량, 우리는 어린 왕자의 여행을 따라가며 책에 밑줄 치고, 메모하며, 서로의 생각을 주고받으며 책을 길들였다. 지금도 매주 월요일 10시에 모임을 이어가는 어른들은 어린왕자를 새롭게 기억할 추억의 한 페이지를 지니고 있으리라 믿는다. 그런 의미로 매주 한 작은 공간을 인문학 이야기가 있는 장소로 열어 내는 독서 모임 회원들에게 고마움을 전한다.

『어린왕자』 읽기로 진행된 강의가 끝나자, 내 손에 들려진 책은 이미 특별하고 소중한 책이 되어 있었다. 오래전부터 소장하고 있던 책이지만, 곳곳에 밑줄을 치고 메모를 한 흔적 속에 단편적인 아이디어들이 웃고 있었다. 하지만 그 아이디어들은 이곳저곳에 흩어져 있는 가공되지 않은 원석일 뿐, 하나의 이야기로 만들어 줄 누군가의 손길을 기다리고 있었다. 일반인을 대상으로 강의하는 것과는 달리 책을 쓰는 것은 또 다른 재능을 요구하는 것 같다. 그해 여름방학 틈틈이 이야기를 정리하고 소책자로 제본하여 책장 한쪽에 끼워 넣었다. 소책자는 미완성의 상태로 책장 한쪽에 오랫동안 방치되어 있었고, 가끔 한가할 때면 꺼내어 읽고 생각나는 것을 적고 고쳤다. 이 과정은 긍정적으로 본다면 한 권의 책을 완성하기 위한 길들임의 시간이기도 했지만, 일을 미루며 마무리 짓지 못하는 성격 탓도 컸다. 결국, 작년에 국내에서 상영된 영화 「어린왕자」를 보고 출판을 결정했지만, 항상 가까이에서 지켜봐 주시는 이성환 교수님의 격려가 큰 도움이 되었다. 철학에 입문한 후 강의를 듣고, 지도를 받았으며, 교수님과의 독서 모임은 지금도 즐거운 시간이다. 이 책의 곳곳에는 그 즐거운 시간을 통해 얻은 생각들이 녹아 있다.

책이 나오기까지 많은 사람의 도움이 있었다. 책 자체가 그 많은 사람과 관계의 결실이다. 가장 소중한 것은 눈에 보이지 않는다고 했다. 이 책에는 글쓴 이의 노력보다 더 많은 소중한 사람들의 애정과 관심이 묻어 있다. 이 속에는 독서 모임에 참여한 어른들의 관심이 있고, 한 여름방학 동안 글을 쓰는 길들임의 과정이 있다. 또한, 독자를 위한 편집인의 정성 어린 손길이 들어 있다. 그리고 항상 가까이에서 조언자이며 후원자로서 노력을 아끼지 않은 아내의 고마운 마음이 있다. 끝으로 어린왕자의 여행을 따라가며 잠시나마 그와 동행할 독자에게도 인사를 전하고 싶다.

안 명 진